King of Quiz

日本縦断
チャレンジクイズ

①

ティナワールド

目次

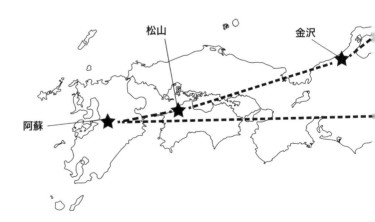

札幌

小樽

五稜郭

摩周湖

仙台

本部

大洗

機内 ✈

羽田　東京ベイエリア

那覇

はじめに

　日本テレビ「アメリカ横断ウルトラクイズ」が終了して30年以上になる。一度1998年に特別版として復活したものの、それっきりである。おそらく、もう復活することは二度とないのであろう。

　最近はクイズ番組が多く放送されてはいるが、それは視聴者が参加するものではなく、芸能人が解答者として答える番組ばかりである。なぜそうなってしまったのだろうか？　やはり、そっちの方が視聴率がいいのだろうか？　私のような業界の事情を知らない素人からすれば、芸能人に払うギャラを考えたら、視聴者参加型クイズ番組の方が安く制作できるのではないかと思ってしまう。

　本書は、今こそ「アメリカ横断ウルトラクイズ」の国内版をやらないか？という提案書であり、企画書である。さすがに海外は無理だと思うが、国内なら十分実現できるものと思っている。

　はっきり言ってしまえば、テレビ局と番組制作会社の関係もよくわからないし、当然だが、企画書の書き方も提出する場所も、どの業界にもあるであろう暗黙のルールも知らない。だから、本書をきっかけに一緒にやろうと声をかけてくれるテレビ局や、番組制作会社などが出てきてくれたら幸いである。

　本書では、みんなでワイワイとやる方よりも1人で読まれる方のほうが多いと思うので、勝ち抜けポイントというのを設けることにした。最低そのポイント以上を獲得できれば勝ち抜けである。

　ぜひ、キミの実力を試してほしい。

東京ドーム

　この大会の優勝賞品は何か？「フロリダディズニーワールド、ニューヨークペア8日間の旅」である。
　だから、あの懐かしい言葉を言っても間違いではない。

「みんなニューヨークへ行きたいか～!!」

　ここで行われるのは、おなじみ○×クイズ。勝ち抜けることができるのは、たったの100名。ちなみにキミの参加葉書の番号はいくつだろうか？
00001～30404の間で書いておこう。

参加葉書番号

勝ち抜けポイント	私達、楽しい日本縦断旅行に行ってきま～す
10問目まで連続正解かつ 11問目～16問目までに 1問以上正解	**30404**名➡**100**名

5

Q01 ニューヨークの自由の女神と日本一高い立像である茨城県の牛久大仏、台座を含めた高さが高いのは、なんと牛久大仏の方である。

Q02 唐辛子は、その名の通り昔の中国、唐の国が原産国である。

Q03 演技の上手くない役者のことを日本では大根役者というが、英語ではハム役者という。

Q04 1901年の1月1日と2001年の1月1日。つまり、20世紀最初の日と21世紀最初の日は、同じ月曜日だった。

Q05 ワリカンのカンとカンパのカンは同じ語源である。

Q06 ピザの「マルゲリータ」は、かつてイタリアに実在した、マルゲリータ王妃にちなんで名付けられた。

Q07 渡り鳥は、いくら飛んでも国境を越えなければ渡り鳥とは呼ばない。

Q08 人間と同じように、毛ガニも歳をとると毛が薄くなる。

Q09 グレープフルーツは、グレープすなわち、ぶどうのように身が房状になるためこの名が付いた。

Q10 郵便番号「777-7777」というラッキーな番号が7つ並ぶ地域がある。

Q11 「音楽の父」と呼ばれるバッハと「音楽の母」と呼ばれるヘンデルは、なんと同じ年に生まれている。

Q12 居酒屋のメニューによくある「シーザーサラダ」は、古代ローマ将軍のジュリアス・シーザーが好んで食べていたところから名付けられた。

Q13 「梅に鶯」という言葉通り、実際に鶯が梅の木を好むという習性が確認されている。

Q14 紙幣等にある透かし模様のことを、英語でミステリアスマークという。

Q15 よく似た果物ライムとレモン、ライムが黄色く熟したものがレモンである。

Q16 漢字で「イカ」は、烏の賊と書くが、これはイカがカラスのような真っ黒な墨を吐きながら獲物を襲うのでこの漢字になった。

A01　○　（ニューヨークの自由の女神→93ｍ。牛久大仏→120
　　　　　　ｍ。牛久大仏は、浄土真宗に属する大仏であるが、浄
　　　　　　土真宗の本尊である阿弥陀如来は、あらゆるものを照
　　　　　　らす為に12の光を放つといい、その12という数字に
　　　　　　由来して120ｍの大仏になった。）

A02　×　（唐辛子の原産国は、南アメリカのペルー、チリあた
　　　　　　り。）

A03　○　（ハムという言葉に素人という意味があり、英語の俗
　　　　　　語でハムアクターという。）

A04　×　（1901年は火曜日。2001年は月曜日。）

A05　×　（ワリカン→日本語の割前勘定の略で、支払総額を
　　　　　　頭数で割って平等に出し合うこと。カンパ→ロシア
　　　　　　語のカンパニアの略で、元々は政治的大衆闘争の意
　　　　　　味。）

A06　○　（ピザ職人のラファエレ・エスポジトが、1898年に
　　　　　　ウンベルト１世とマルゲリータ王妃を迎える為に作
　　　　　　ったピザが、マルゲリータ王妃に、まるでイタリア
　　　　　　国旗の赤＜トマト＞白＜チーズ＞緑＜バジル＞を表し
　　　　　　ているようだと気に入られ、自らの名を冠したとい
　　　　　　われている。）

A07　×　（繁殖地と越冬地が異なり、毎年決まった季節に移
　　　　　　動を繰り返す鳥類のことで、国境を越える越えない
　　　　　　は関係ない。）

A08　×　（年齢によって毛が薄くなることはない。）

A09　○（4、5個から多いものだと十数個の実が、ぶどうの
　　　ように房状になる。）

A10　×（7以外でも全て同じ数字の地域は存在しない。）

A11　○（ヨハン・セバスティアン・バッハ、1685年3月31日
　　　ドイツ・アイゼナハ生まれ。ゲオルク・フリードリヒ・
　　　ヘンデル、1685年2月23日ドイツ・ハレ生まれ。）

A12　×（1924年7月4日にアメリカ国境に接するメキシコの
　　　町・ティファナのレストラン「シーザーズ・プレイ
　　　ス」のオーナーであったシーザー・カルディーニに
　　　よって調理されたのが最初である。7月4日のアメリ
　　　カ独立記念日の夜、シーザーは手元に残っていたあ
　　　りあわせの材料でシーザーサラダを作ったという。
　　　やがてシーザーサラダは名物として評判となり、ティ
　　　ファナに押しかけるアメリカ人観光客が本国に広
　　　めた。）

A13　×（鶯が梅の木を好むという習性は確認されていない。
　　　梅に鶯とは、取り合わせが良い2つのもの、美しく調
　　　和するもの、という例え。）

A14　×（ウォーターマークという。）

A15　×（ライムとレモンは別な植物の果実。ちなみに柑橘類
　　　は全てミカン科の植物である。）

A16　×（海に飛び込んでイカを食べようとしたカラスを、逆
　　　にイカの方が食べてしまった為。）

★東京ドーム　敗者復活戦

　たった100名しか行けないことへのブーイングの中、敗者復活戦が行われることになった。但し、復活できるのは、たったの10名である。（10名と聞いてますますブーイングが激しくなった。）

　方法は、参加葉書に書かれている番号が見事当選すれば復活である。

1回目の抽選	０１１８４	6回目の抽選	０４９３４
2回目の抽選	１６８４３	7回目の抽選	０９５７３
3回目の抽選	１９０５５	8回目の抽選	２０９１２
4回目の抽選	１００２６	9回目の抽選	０８５２９
5回目の抽選	１１０５６	10回目の抽選	１０４６８

　以上10名が復活し、合計110名が次の第２次予選に進むことになった。

第2次予選

羽田空港

　10月の3連休の土曜日、都内の集合場所から2台のバスに分乗し、羽田空港近くの施設に入った。

　しょうもない茶番劇を見せられた後、結局「アメリカ横断ウルトラクイズ」と同じジャンケンで勝負することになった。ここを勝ち抜けるのは半分の55名である。

　ちなみにキミが貰った名札に書かれている挑戦者番号は、いくつだろうか？
001〜110の間で書いておこう。

挑戦者番号

勝ち抜けポイント	次は楽しい
ジャンケン8回のうち 3回勝つ	那覇　行き 110名 ➡ 55名

第2次予選　羽田空港

　まずは、キミがジャンケンで出す手、✊ ✌ 🖐 を8回戦分記入しよう。

キミの出す手

1回目	2回目	3回目	4回目	5回目	6回目	7回目	8回目

キミの挑戦者番号が001～030の相手が出した手

1回目	2回目	3回目	4回目	5回目	6回目	7回目	8回目
✊	✊	🖐	✌	✌	✌	✌	✊
勝ち 負け あいこ	勝ち 負け あいこ	勝ち 負け あいこ	勝ち 負け あいこ	勝ち 負け あいこ	勝ち 負け あいこ	勝ち 負け あいこ	勝ち 負け あいこ

キミの挑戦者番号が031～060の相手が出した手

1回目	2回目	3回目	4回目	5回目	6回目	7回目	8回目
🖐	🖐	✌	🖐	✊	✌	✌	✌
勝ち 負け あいこ	勝ち 負け あいこ	勝ち 負け あいこ	勝ち 負け あいこ	勝ち 負け あいこ	勝ち 負け あいこ	勝ち 負け あいこ	勝ち 負け あいこ

キミの挑戦者番号が061〜090の相手が出した手

1回目	2回目	3回目	4回目	5回目	6回目	7回目	8回目
✋	✌️	✌️	✊	✊	✊	✌️	✋
勝ち 負け あいこ	勝ち 負け あいこ	勝ち 負け あいこ	勝ち 負け あいこ	勝ち 負け あいこ	勝ち 負け あいこ	勝ち 負け あいこ	勝ち 負け あいこ

キミの挑戦者番号が091〜110の相手が出した手

1回目	2回目	3回目	4回目	5回目	6回目	7回目	8回目
✌️	✌️	✌️	✌️	✊	✊	✋	✋
勝ち 負け あいこ	勝ち 負け あいこ	勝ち 負け あいこ	勝ち 負け あいこ	勝ち 負け あいこ	勝ち 負け あいこ	勝ち 負け あいこ	勝ち 負け あいこ

キミが3回勝ったのなら、那覇行きの飛行機へ
勝負がつかない、または負けたのなら、次のページへ
それぞれ進め。

　敗者55名が決定し、どんよりとした空気の中、敗者担当の
MCから敗者復活戦をやるとのアナウンスがあった。

　当然だが、歓喜の声であふれかえり敗者となった挑戦者にも
笑顔が戻る。

　復活できるのは5名。方法は、東京ドームと同じ、くじ引き
である。

　キミの挑戦者番号が見事当選すれば復活である。

1回目の抽選	０３５
2回目の抽選	０９９
3回目の抽選	０９１
4回目の抽選	０７０
5回目の抽選	０９３

　以上5名が復活し、合計60名が那覇行きの飛行機に乗り込
んだ。

　負けてしまったキミは、見送りデッキで負け犬の遠吠えをし
て帰宅しよう。そしてまた来年の大会に備えよう。とは言って
も、クイズとは関係ない形式で負けると、これほど悔しいこと
はない。

第1チェックポイント

羽田→那覇

　いよいよ那覇行きの飛行機が離陸した。ホッとするのも束の間、シートベルトのランプが消えた途端、ペーパークイズの問題が配られた。

　ここで行われるのは、70問ペーパークイズである。

　ここを勝ち抜けるのは30名。落ちるのも30名。

勝ち抜けポイント	次は楽しい 那覇
43点以上獲得	60名 ➡ 30名

第1回
日本縦断チャレンジクイズ
機内70問ペーパークイズ

★注意事項★

- 記述式30問　　　1問2点＝計60点
  三択クイズ40問　　1問1点＝計40点
  合計100点で採点されます。
- 制限時間は20分。
- 三択クイズは正解だと思われる番号を記入。
- 記述式問題の漢字の間違いは、不正解になります。
- 東洋人名はフルネームのみ正解。但し、力士の四股名や固有名詞化した通称は、この限りではありません。
  西洋人名はファミリーネームでも構いません。但し、フルネームで答える（ミドルネームは除く）のが通例である場合はこの限りではありません（例　セオドア・ルーズベルト、フランクリン・ルーズベルト、アダム・スミス等）。このルールは、ペーパークイズ以降のクイズ形式でも同様です。

Q01 沖縄県にある島で、沖縄本島に次いで２番目に大きい島の名前は何？

Q02 山本鈴美香原作の漫画「エースをねらえ！」で、お蝶夫人の本名は何？

Q03 アフリカのナミビアで、北東部に約450kmあまり細く飛び出した領土を何という？

Q04 ノミの足に存在する、高いジャンプ力をもたらすタンパク質を何という？

Q05 草木を刈り込んで、動物等の形に作ったものを何という？

Q06 騎手の武豊が、初の日本ダービー制覇を成し遂げた時に乗っていた馬の名前は何？

Q07 体重の変化や代謝量を計測する為に、秤の上で生活したという逸話が残る、世界で初めて体温計を開発したイタリアの医学者は誰？

Q08 かつて木造船のスクリューの軸受けやギア等に用いられた、世界で最も硬く重い木材といえば何？

Q09 インドネシア語で「千の島」という意味がある、首都ジャカルタから最も近いアイランドリゾートとして親しまれている場所はどこ？

Q10 愛媛県にある、標高1982ｍという四国最高峰の山の名前は何？

Q11 とんちの問題。「ももももも」とは、どこの国のこと？

Q12 双六ゲームのゴールのことは「あがり」、ではスタートのことは何という？

Q13 関西の人気番組「探偵！ナイトスクープ」のオープニングテーマ曲「ハートスランプ二人ぼっち」を歌っているのは誰？

Q14 中国が三国時代の時の曹操の子で、魏の初代皇帝となったのは誰？

Q15 川の流れの浅い部分を「瀬」というのに対し、深い部分のことは何という？

Q16 英語で、有酸素運動のことをエアロビクスというのに対し、無酸素運動のことは何という？

Q17 ＩＯＣ・国際オリンピック委員会の初代会長は誰？

Q18 浦島太郎の物語からできた言葉で、期待はずれでがっかりすることを、「開けて悔しい何」という？

Q19 おおいぬ座のアルファ星はシリウス、ではこいぬ座のアルファ星は何？

Q20 武論尊原作の漫画「北斗の拳」で、ケンシロウの胸に７つの傷跡を付けたのは誰？

Q21 日本の紙幣の通し番号で使われないアルファベットはＩと何？

Q22 地図等に用いられる温泉記号の発祥の地とされている群馬県にある温泉はどこ？

Q23 古城、修道院、宮殿等の文化財を改修して宿泊施設にした、スペインの国営ホテルを何という？

Q24 別名をアフリカスミレという、ドイツ人の男爵の名前が付けられた花は何？

Q25 日本最大のトンボはオニヤンマ、では最小のトンボは何？

Q26 代表作に「YAWARA！」「MONSTER」「20世紀少年」等がある漫画家は誰？

Q27 スペイン語で「栗の実」という意味がある、フラメンコには欠かせない楽器は何？

Q28 スポーツ仲裁裁判所の本部がある、スイスの都市はどこ？

Q29 福本伸行原作の漫画「カイジ」シリーズで、主人公カイジの本名は何？（漢字でお答えください）

Q30 ついに30問目、30をローマ数字で書くと何？

Q01 花言葉は「恋に落ちる前」という、黄色のハイビスカスに似た、沖縄でよく見られる花の名前は何？
①プルメリア　②アラマンダ　③デイゴ

Q02 実際にある植物はどれ？
①ショウベンノキ　②ダイベンノキ　③オモラシノキ

Q03 地上最後の楽園と呼ばれる、フランス領「タヒチ」が所属する諸島は何？
①ソシエテ諸島　②ピトケアン諸島　③カロリン諸島

Q04 「初心忘るべからず」という言葉を残した人物は誰？
①空海　②聖徳太子　③世阿弥

Q05 相撲界の用語で「おこめ」とは何のこと？
①ちゃんこ鍋　②小遣い銭　③序の口

Q06 人が死ぬことを、お寺の過去帳から何という？
①鬼籍に入る　②軌跡に入る　③輝石に入る

Q07 日本中央競馬会の略称は何？
①ＡＮＡ　②ＪＲＡ　③ＫＤＤ

Q08 冥王星の公転周期は約何年？
①約148年　②約248年　③約348年

Q09 「天の川」を英語で何という？
①スターウェイ　②ミルキーウェイ　③シルバーウェイ

Q10 日本の国蝶は何？
①アサギマダラ　②ミカドアゲハ　③オオムラサキ

Q11 一般に仙人が食べているといわれているものは何？
①雲　②霞　③雨粒

Q12 家の奥で大切に育てられたお嬢様のことを何という？
①御箱の令嬢　②深窓の令嬢　③転婆の令嬢

Q13 スキューバダイビングのライセンスカードの通称は何？
①Aカード　②Bカード　③Cカード

Q14 矢口高雄原作の漫画「釣りキチ三平」、主人公三平の本名は何？
①矢口三平　②鮎川三平　③三平三平

Q15 座布団1組といえば何枚のこと？
①5枚　②7枚　③10枚

Q16 日本の最高裁判所長官を任命するのは誰？
①総理大臣　②天皇陛下　③前最高裁判所長官

Q17 トンボの幼虫のことを何という？
①ヤゴ　②ケゴ　③ウジ

Q18 ウインナーコーヒーとは、コーヒーに何を入れたもの？
①ウインナー　②バター　③ホイップクリーム

Q19 名作シューティングゲーム「ゼビウス」で、プレイヤーが操作する「ソルバルウ」は、ゼビ語でどういう意味？
①太陽の鳥　②龍炎の鳥　③時空の鳥

Q20 イモリとヤモリのうち、両生類でないのはどっち？
①イモリ　②ヤモリ　③両方

Q21 大政奉還の舞台となった、二条城を築城したのは誰？
①徳川家康　②徳川家光　③徳川吉宗

Q22 現金1億円は、1万円札が何枚？
①1000枚　②1万枚　③10万枚

Q23 「鉄道唱歌」の出発駅はどこ？
①東京　②新橋　③横浜

Q24 国連海洋法条約で定められている国の領海とは、基線から何海里となっている？
①12海里　②24海里　③200海里

Q25 北海道に実在する駅はどれ？
①アサヒビール庭園　②サッポロビール庭園
③キリンビール庭園

Q26 元々は「パンをこね混ぜる人」という意味があるのはどれ？
①ガール　②レディー　③ウーマン

Q27 オルコットの小説「若草物語」の原題は何？
①リトルガール　②リトルレディー
③リトルウーマン

Q28 1842年に現在の山口県萩市に開かれた「松下村塾」の創設者は誰？
①吉田松陰　②玉木文之進　③高杉晋作

Q29 藤子不二雄Ⓐの漫画「忍者ハットリくん」で、主人公の服部貫蔵の弟の名前は何？
①服部腎臓　②服部膵臓　③服部心臓

Q30 血糖値の上昇を抑える、インスリンを分泌する臓器は何？
①腎臓　②膵臓　③肝臓

Q31 民謡「デカンショ節」は、何県の民謡？
①石川県　②兵庫県　③秋田県

Q32 フィギュアスケートの「フィギュア」とはどういう意味？
①人形　②図形　③芸術

Q33 高橋陽一の漫画「キャプテン翼」で、南葛小の応援団長を務める、通称「あねご」の本名は何？
①松本香　②赤嶺真紀　③中沢早苗

Q34 元号が昭和から平成に変わった時の日本の首相は誰？
①竹下登　②海部俊樹　③小渕恵三

Q35 かつて上野〜札幌間を走っていた寝台列車はどれ？
①ゆうづる　②トワイライトエクスプレス
③カシオペア

Q36 尾瀬で有名な「ミズバショウ」は何科の植物？
①サトイモ科　②ショウブ科　③ユリズイセン科

Q37 ＪＲ常磐線の石岡駅前に銅像が建てられている、忠犬の名前は何？
①タロー　②ジロー　③サブロー

Q38 ファミコンソフトとして発売された魔法少女アニメはどれ？
①クリィミーマミ　②マジカルエミ　③ミンキーモモ

Q39 コモロの首都、モロニがある島の名前は何？
①ジャンゴジャン島　②ンジャジジャ島
③ケンジャンパ島

Q40 アメリカ独立戦争後、アメリカの独立が認められた条約は何？
①マーストリヒト条約　②キール条約　③パリ条

A01　西表島(いりおもてじま)

A02　竜崎麗香(りゅうざきれいか)

A03　カプリピ回廊

A04　レジリン

A05　トピアリー

A06　スペシャルウィーク

A07　サントリオ・サントリオ

A08　リグナムバイタ（ユソウボク）

A09　プロウスリブ

A10　石鎚山(いしづちさん)

A11　モロッコ

A12　ふりだし

A13　円広志(まどかひろし)

A14　曹丕(そうひ)

A15　淵(ふち)

A16　アネロビクス

A17　ビケラス

A18　玉手箱

A19　プロキオン

A20　シン

A21　O（オー）

A22　磯部温泉

A23　パラドール

A24　セントポーリア

・・・

A01　②アラマンダ

A02　①ショウベンノキ

A03　①ソシエテ諸島

A04　③世阿弥

A05　②小遣い銭

A06　①鬼籍に入る

A07　②ＪＲＡ

A08　②約248年

A09　②ミルキーウェイ

A10　③オオムラサキ

A11　②霞

A12　②深窓の令嬢

A13　③Ｃカード

A14　③三平三平
　　　　<ruby>三<rt>み</rt>平<rt>ひら</rt>三<rt>さん</rt>平<rt>ぺい</rt></ruby>

A15　①5枚

A16　②天皇陛下

A17　①ヤゴ

A18　③ホイップクリーム

A19　①太陽の鳥

A20　②ヤモリ

A21　①徳川家康

A22　②1万枚

A23　②新橋

A24　①12海里

・・・

A25　②サッポロビール庭園

A26　②レディー

A27　③リトルウーマン

A28　②玉木文之進

A29　③服部心臓

A30　②膵臓

A31　②兵庫県

A32　②図形

A33　③中沢早苗

A34　①竹下登

A35　③カシオペア

A36　①サトイモ科

A37　①タロー

A38　③ミンキーモモ

A39　②ンジャジジャ島

A40　③パリ条約

ペーパークイズ　記述問題　解答用紙

01	16
02	17
03	18
04	19
05	20
06	21
07	22
08	23
09	24
10	25
11	26
12	27
13	28
14	29
15	30

01	02	03	04	05
06	07	08	09	10
11	12	13	14	15
16	17	18	19	20
21	22	23	24	25
26	27	28	29	30
31	32	33	34	35
36	37	38	39	40

記述問題　正解数×2点＝　　　　　　　　点
三択問題　正解数×1点＝　　　　　　　点
合計　　　　　　　　　　点　　　順位　　　　　　　位

機内1位　78点　通過最低点　43点
通過最低点で3人いた為、最後の1人を決める勝者決定戦が行われることになった。
43点だった場合は、勝者決定戦へ進め。

ここで行われるクイズは、札上げ三択クイズである。
1人が決まった時点で終了。

Q01　ジェームズ・キャメロン監督の映画「タイタニック」
　　　の主題歌を歌っていたのは誰？
　　　①マライア・キャリー　②ティナ・ターナー　③セリーヌ・ディオン

Q02　日本で2番目に高い山、白根山北岳はどこにある？
　　　①北アルプス　②中央アルプス　③南アルプス

Q03　国際刑事警察機構・インターポールの本部がある都市
　　　はどこ？
　　　①ブリュッセル　②リヨン　③トリノ

Q04　漢字で「海の象」と書く動物は何？
　　　①アザラシ　②セイウチ　③イルカ

Q05　「寝耳に水」という言葉の水とは何のこと？
　　　①海水　②地下水　③洪水

A01　③セリーヌ・ディオン

A02　③南アルプス

A03　②リヨン

A04　②セイウチ

A05　③洪水

第2チェックポイント

那　覇

　ここで行われるクイズは、空席待ち早押しクイズである。設置された5台の早押し機に、抽選によって自分の好きな列に並ぶことができる。最前列の5人にクイズが出題され、誰か1人が正解すれば勝ち抜け。お手付き、誤答は列の最後尾に並ばなければならない。誰か1人が勝ち抜けた場合も他の4名は最後尾に並ばなければならない。問題スルーの場合は、5人全員が最後尾に並び直すというルール。

　ここを勝ち抜けるのは20名。落ちるのは10名。

勝ち抜けポイント	次は楽しい 本部
40問中24問以上正解	30名 ➡ 20名

Q01 那覇空港駅と、てだこ浦西駅を結ぶ「沖縄都市モノレール」の愛称は何？

Q02 船や列車、航空機等の中にある、乗客に提供する食事を調理する設備のことを何という？

Q03 イギリス南部からイタリア北部に至る、経済的に発展している地域のことを、ある果物の名前を使って何という？

Q04 元々は、浮世絵の制作時に付ける目印のことで、はっきりしていないことについての大体の予想を立てることを「何を付ける」という？

Q05 沖縄本島最高峰、標高503mの山の名前は何？

Q06 北陸地方で晩秋から初冬にかけて発生する雷のことを、その雷の後で豊漁になる魚から何という？

Q07 遥か遠い海の彼方や海底にあるといわれる、沖縄伝承の理想郷を何という？

Q08 バッハの管弦楽組曲第3番から生まれたバイオリン独奏曲で、バイオリンの最も低い弦のみを使って演奏されることから名付けられたのは何？

Q09 北アメリカの中西部では、高さが40ｍを超える規模の倉庫が数多く建設され「プレーリーの摩天楼」とも呼ばれる、穀物の貯蔵施設のことを何という？

Q10 流動学の分野で、物質の流動性を表す無次元量のことを、旧約聖書で「山々が主の前に流れた」と歌った預言者の名前から何数という？

Q11 沖縄名物「サーターアンダーギー」のサーターが意味する調味料は何？

Q12 日本の村で、最も人口が多いのはどこ？

Q13 遠い未来に天の川銀河とアンドロメダ銀河が衝突して形成されると考えられている巨大銀河のことを、英語の「天の川」と「アンドロメダ」の混成語で何という？

Q14 その名はマレーシアの国立石油会社に由来する、クアラルンプールに1996年に完成した、高さ451.9ｍの2つの超高層ビルの名前は何？

Q15 飲食店で客が1人も来ない日や、釣りで魚が1匹も釣れなかった日のことを何という？

Q16 フランスのデザイナー、クリスチャン・ディオールが急死した為に、主任デザイナーとして急遽ブランドを引き継ぐことになったのは誰？

Q17 夏季オリンピックで、初めて聖火リレーが行われたのは、1936年のベルリン大会、では冬季オリンピックでは1952年のどこの大会？

Q18 特に春の産卵期に、沖合にいた魚が一斉に水深の浅い場所に入ってくることを何という？

Q19 正式には「閉殻筋」という、二枚貝が殻を閉じる為に使う筋肉のことを普通何という？

Q20 英語で、海にいるタコはオクトパス、では空に上げるタコは何という？

Q21 ジョニー・マークスが作詞・作曲したクリスマスソング「赤鼻のトナカイ」、このトナカイの名前は何？

Q22 船体に菱組の格子を組んだ装飾を付けたことからその名で呼ばれた、江戸時代に大坂等の上方と江戸を往来した貨物船のことを何という？

Q23 舞台用語で、リハーサルの時等に演出家や舞台監督が客席から役者に指示を出す為のマイクのことを何という？

Q24 鳩と共に平和のシンボルとされ、国際連合の旗にも描かれている植物は何？

Q25 樹木の切り株や根元から生えてくる若い枝のことを何という？

Q26 最も狭い部分が9.93mしかない、世界一狭い海峡としてギネス世界記録に認定されている、香川県の小豆島と前島の間にある海峡を何という？

Q27 2010年まで、日本で唯一の太陽コロナ観測所があった山はどこ？

Q28 2022年9月よりイギリスの第78代首相を務めたものの49日で辞任し、在任期間がイギリス史上最も短かったのは誰？

Q29 昔話「分福茶釜」の舞台として知られる、群馬県にある寺はどこ？

Q30 モータースポーツや自転車競技等で、定められた人以外が触れられないように閉鎖した車両保管所のことを、フランス語で何という？

Q31 主にキリスト教の教会等にみられる、壁の上部に採光や換気の為に設けられている、いわゆる高窓（たかまど）のことを、英語で何という？

Q32 和名を「ハダカカメガイ」という、透明で美しい姿から「流氷の天使」とも呼ばれる、巻貝の一種は何？

Q33 虚無僧がかぶっている編み笠のことを何という？

Q34 力強く躍動的なことをダイナミックというのに対し、動きがなく静かなことを何という？

Q35 西洋のお祭り「ハロウィン」でよく見られる、カボチャをくり抜いて作られた提灯のことを何という？

Q36 原子力発電所で、事故等によって核分裂反応の制御が不能となり、原子炉が破壊されることを英語で何という？

Q37 大坂の道頓堀を開削し、「道頓堀」という地名の由来となっている人物は誰？

Q38 赤穂藩主浅野長矩が吉良義央に突然切りかかった事件を、それが起こった江戸城内の場所から何という？

Q39 現地の言葉で「珊瑚の島」という意味があり、沖縄県の都市では唯一名前にひらがなが含まれているのはどこ？

Q40 元々は、弓を引き絞っていつでも矢が放てる状態のことで、準備万端なことを表す言葉は何？

第2チェックポイント　那覇　解答

A01　ゆいレール

A02　ギャレー

A03　ブルーバナナ

A04　見当

A05　与那覇岳

A06　鰤起こし

A07　ニライカナイ（ネリヤカナヤ）

A08　G線上のアリア

A09　カントリーエレベーター

A10　デボラ数

A11　砂糖

A12　読谷村

A13　ミルコメダ

A14　ペトロナスツインタワー

A15　坊主

A16　イヴ・サンローラン

A17　オスロ

A18　乗っ込み

A19　貝柱

A20　カイト

A21　ルドルフ

A22　菱垣廻船

A23　がなりマイク

A24　オリーブ

A25　ひこばえ（余蘖）

A26　土渕海峡

A27　乗鞍岳（摩利支天岳）

A28　リズ・トラス（メアリー・エリザベス・トラス）

A29　茂林寺

A30　パルクフェルメ

A31　クリアストーリー

A32　クリオネ

A33　天蓋

A34　スタティック

A35　ジャック・オ・ランタン

A36　メルトダウン

A37　安井道頓（成安道頓）

A38　松の廊下事件

A39　うるま市

A40　満を持す

第3チェックポイント

本　部

　本部と書いて「もとぶ」と読む。ここで行われるのは、団体戦による1問多答クイズである。

　クイズの方法は、5人×4チームに分けての4方向綱引きだ。各チームの後方に足で押す早押し機が設置され、綱引きで勝ったチームに問題が出題される。5人全員が正解すれば勝ち抜けである。1チームが勝ち抜けると今度は3方向での綱引きである。

　ここを勝ち抜けるのは15名。落ちるのは5名。

勝ち抜けポイント	次は楽しい 阿蘇
20問中全て正解できる問題が 10問以上	20名 ➡ 15名

Q01 石ノ森章太郎原作の漫画「サイボーグ009」で、001 から009までの9人の人物の名前は何？

Q02 「三国志演義」で、劉備が定めた五虎大将軍に任命 された5人の武将の名前は何？

Q03 東海道・山陽新幹線の駅で、「のぞみ号」が必ず停車 する駅は全部で11駅、その名前は何？

Q04 富士山の裾野にある「富士五湖」と呼ばれる、5つの 湖の名前は何？

Q05 古代日本の律令国家が編纂した6つの歴史書を「六国 史」といいますが、その6つの書物の名前は何？

Q06 夜空に輝く「北斗七星」を構成する、7つの星の名前 は何？

Q07 国連安全保障理事会の常任理事国は全部で5か国、そ の国名は何？

Q08 鳥山明原作の漫画「ドラゴンボール」で、フリーザの 配下である「ギニュー特戦隊」のメンバーは全部で5 名、その名前は何？

Q09 国宝五天守と呼ばれる、5つの城の名前は何？

Q10 日本の都道府県で、海に面していないのは全部で8つ、その名前は何？

Q11 世界の高峰で、8000ｍを超える山は全部で14、その名前は何？

Q12 アニメ「ラブライブ」で、音ノ木坂学院「ミューズ」を構成するメンバーは全部で9名、その名前は何？

Q13 七福神と呼ばれる、7柱の神様の名前は何？

Q14 1583年に起きた賤ケ岳（しずがたけ）の戦いで、秀吉方で功名をあげ「賤ケ岳の七本槍（しちほんやり）」と呼ばれた7人の武将の名前は何？

Q15 アメリカ合衆国北東部にある8つの私立大学を指す「アイビー・リーグ」、この8校の名前は何？

Q16 大横綱双葉山の断髪式の際に、マゲにハサミを入れた人物は全部で10名、その名前は何？

Q17　日本将棋連盟が定める、将棋の八大タイトルは何？

Q18　太陽系の惑星は全部で８つ、その名前は何？

Q19　アメリカ合衆国が独立した際の13州の名前は何？

Q20　1987年の国鉄の分割民営化により発足したＪＲ７社の名前は何？

A01		
	001	イワン・ウイスキー
	002	ジェット・リンク
	003	フランソワーズ・アルヌール
	004	アルベルト・ハインリヒ
	005	ジェロニモ・ジュニア
	006	張々湖（ちゃんちゃんこ）
	007	グレート・ブリテン
	008	ピュンマ
	009	島村ジョー

A02　関羽、張飛、趙雲、馬超、黄忠

A03　東京、品川、新横浜、名古屋、京都、新大阪、
　　　新神戸、岡山、広島、小倉、博多

A04　河口湖、山中湖、本栖湖、西湖、精進湖

A05　日本書紀、続日本紀、日本後記、続日本後記、
　　　日本文徳天皇実録、日本三大実録

A06　ドゥーベ、メラク、フェクダ、メグレズ、
　　　アリオト、ミザール、アルカイド（ベネトナシュ）

A07　アメリカ、イギリス、フランス、ロシア、中国

A08　ギニュー、リクーム、バータ、ジース、グルド

A09　松本城、彦根城、犬山城、姫路城、松江城

A10　栃木県、群馬県、埼玉県、山梨県、長野県、
　　　岐阜県、滋賀県、奈良県

A11

1	エベレスト	8848m
2	K2（ゴッドウィンオースチン）	8611m
3	カンチェンジュンガ	8586m
4	ローツェ	8516m
5	マカルー	8463m
6	チョ・オユー	8188m
7	ダウラギリ	8167m
8	マナスル	8163m
9	ナンガ・パルバット	8126m
10	アンナプルナ	8091m
11	ガッシャーブルムⅠ峰	8080m
12	ブロード・ピーク	8051m
13	ガッシャーブルムⅡ峰	8035m
14	シシャパンマ	8027m

A12　星空凛、小泉花陽、西木野真姫、高坂穂乃果、
南ことり、園田海未、絢瀬絵里、東條希、矢澤にこ

A13　恵比寿、大黒天、福禄寿、毘沙門天、布袋、
寿老人、弁財天

A14　脇坂安治、片桐且元、平野長泰、福島正則、
加藤清正、糟屋武則、加藤嘉明

A15　ブラウン大学、コロンビア大学、コーネル大学、
ダートマス大学、ハーバード大学、イェール大学、
プリンストン大学、ペンシルベニア大学

A16 賀陽恒憲、小笠原長生、吉田茂、双川喜一、
野依秀市、大麻唯男、山隈慎一、
春日野守也（元横綱栃木山）、
羽黒山政司（当時の現役横綱）、
立浪弥右衛門（4代目立浪親方）

A17 竜王戦、名人戦、王位戦、王座戦、棋王戦、
叡王戦、王将戦、棋聖戦

A18 水星、金星、地球、火星、木星、土星、天王星、
海王星

A19 ニューハンプシャー、マサチューセッツ、
ロードアイランド、コネチカット、ニューヨーク、
ニュージャージー、ペンシルベニア、デラウェア、
メリーランド、バージニア、サウスカロライナ、
ノースカロライナ、ジョージア

A20 ＪＲ北海道、ＪＲ東日本、ＪＲ東海、ＪＲ西日本、
ＪＲ四国、ＪＲ九州、ＪＲ貨物

　敗退した１チーム５名による敗者復活戦である。復活できるのは３名、敗退するのは２名。

　ここで行われるクイズは、並べ替えボードクイズ。４つの選択肢を左から順にアルファベットでボードに記載。シンキングタイムは30秒。

●勝ち抜けポイント●
10問中6問以上正解

・・

Q01 次の日本の高峰を、高い順に並べなさい。
Ⓐ涸沢岳　Ⓑ乗鞍岳　Ⓒ奥穂高岳　Ⓓ槍ヶ岳

・・

Q02 次の足利将軍を、就任したのが早い順に並べなさい。
Ⓐ義勝　Ⓑ義栄　Ⓒ義晴　Ⓓ義持

・・

Q03 次の記念切手を、発行されたのが早い順に並べなさい。
Ⓐ沖縄国際海洋博記念　Ⓑ第10回国体記念
Ⓒ佐久間ダム竣工記念　Ⓓ証券取引所100年記念

・・

Q04 次の日本の総理大臣を、就任したのが早い順に並べなさい。
Ⓐ原敬　Ⓑ犬養毅　Ⓒ桂太郎　Ⓓ田中角栄

・・

Q05 次の宗谷本線の駅を、北にある方から順に並べなさい。
Ⓐ美深　Ⓑ豊富　Ⓒ幌延　Ⓓ名寄

Q06 次の漫画を、少年ジャンプに連載されたのが早い順に
並べなさい。
Ⓐキン肉マン　　　　Ⓑキャプテン翼
Ⓒドラゴンボール　Ⓓこちら葛飾区亀有公園前派出所

Q07 次のスーパー戦隊シリーズを、放映されたのが早い順
に並べなさい。
Ⓐ太陽戦隊サンバルカン　　　Ⓑ科学戦隊ダイナマン
Ⓒ高速戦隊ターボレンジャー　Ⓓ電子戦隊デンジマン

Q08 ドラマ「あばれはっちゃくシリーズ」で、主人公の桜
間長太郎を演じた順に並べなさい。
Ⓐ吉田友紀　Ⓑ栗又厚　Ⓒ荒木直也　Ⓓ坂詰貴之

Q09 次の「ウルトラマンシリーズ」を放映されたのが早い
順に並べなさい。
Ⓐウルトラマンタロウ　Ⓑ帰ってきたウルトラマン
Ⓒウルトラセブン　　　Ⓓウルトラマンレオ

Q10 次の国連事務総長を、就任したのが早い順に並べなさ
い。
Ⓐコフィー・アナン　　　Ⓑブトロス・ガリ
Ⓒクルト・ワルトハイム　Ⓓダグ・ハマーショルド

A01

C	奥穂高岳	3190 m
D	槍ヶ岳	3180 m
A	涸沢岳	3110 m
B	乗鞍岳	3026 m

A02

D	義持	4代将軍
A	義勝	7代将軍
C	義晴	12代将軍
B	義栄	14代将軍

A03

B	第10回国体記念	1955.10.30.発行
C	佐久間ダム竣工記念	1956.10.15.発行
A	沖縄国際海洋博記念	1975. 7.19.発行
D	証券取引所100年記念	1978. 9.14.発行

沖縄国際海洋博記念切手

A04

C	桂太郎	1901年就任
A	原敬	1918年就任
B	犬養毅	1931年就任
D	田中角栄	1972年就任

A05

B	豊富	旭川から215.9 k m
C	幌延	旭川から199.4 k m
A	美深	旭川から98.3 k m
D	名寄	旭川から76.2 k m

A06

D	こちら葛飾区亀有公園前派出所	1976年連載開始
A	キン肉マン	1979年連載開始
B	キャプテン翼	1981年連載開始
C	ドラゴンボール	1984年連載開始

A07

D	電子戦隊デンジマン	1980年放映開始
A	太陽戦隊サンバルカン	1981年放映開始
B	科学戦隊ダイナマン	1983年放映開始
C	高速戦隊ターボレンジャー	1989年放映開始

A	吉田友紀	初代
B	栗又厚	2代目
C	荒木直也	3代目
D	坂詰貴之	4代目

A09

C	ウルトラセブン	1967年放映開始
B	帰ってきたウルトラマン	1971年放映開始
A	ウルトラマンタロウ	1973年放映開始
D	ウルトラマンレオ	1974年放映開始

A10

D	ダグ・ハマーショルド	2代目1953年就任
C	クルト・ワルトハイム	4代目1972年就任
B	ブトロス・ガリ	6代目1992年就任
A	コフィー・アナン	7代目1997年就任

以上3名が復活し、合計18名が次の阿蘇へ進むことになった。

第4チェックポイント

阿　蘇

　いよいよ早押しハットの登場である。そして、ここまで勝ち残ったメンバーの紹介が行われた。
　ここで行われるのは、シンプルな早押しクイズ。
　2ポイント勝ち抜け。
　お手付き、誤答はマイナス1ポイント。
　ただし、マイナス2ポイントで失格。
　ここを勝ち抜けるのは15名。落ちるのは3名。

勝ち抜けポイント	次は楽しい
60問中36問以上正解	松山
	18名 ➡ 15名

Q01 阿蘇山の中核をなす阿蘇五岳とは、高岳、中岳、根子岳、烏帽子岳ともう1つは何？

Q02 夜空にある星座で、大マゼラン星雲があるのはかじき座、では小マゼラン星雲があるのは何座？

Q03 ギリシア語の「タナトス」からきた言葉で、人間の死をいかに考え、各自が己の死、他人の死をどう迎えるかについての研究を何という？

Q04 1865年にウェリントンに遷都されるまで首都だった、ニュージーランドの都市はどこ？

Q05 この日に家を建てると火事が起こり、近隣の家三軒を焼き滅ぼすといわれている日を何という？

Q06 元々は書道で書き損じた紙のことで、現在では約束を破ることを意味する言葉は何？

Q07 ホームステイで、受け入れる側の家庭のことを一般に何という？

Q08 信用していた人に裏切られた時、何を飲まされるという？

Q09 イギリス南東部にあるアッシュダウンフォレストという実在の森がモデルになっている、童話「くまのプーさん」の舞台である森の名前は何？

Q10 ユニセフの本部があるのはニューヨーク、ではユネスコの本部がある都市はどこ？

Q11 日本の初代天皇は神武天皇、では2代目は誰？

Q12 1975年に3年連続で最下位に沈んだ広島が、現状打破の為にチームを任せた、日本プロ野球史上初の外国人監督は誰？

Q13 童謡「金太郎」で、金太郎がお馬や相撲の稽古をした山の名前は何？

Q14 別名を「ネコイタチ」という動物で、ハブの天敵として知られているものは何？

Q15 第一次大戦勃発の原因となったサラエボ事件で、オーストリア・ハンガリー帝国の皇太子を暗殺したのは誰？

Q16 1970代後半に、普段着だったニットウェアにファッション性を持たせ「ニットの女王」とも呼ばれたフランスのデザイナーは誰？

Q17 カヌーで、転覆した時にそのまま出ずに回転して起き上がるテクニックを何という？

Q18 豊臣秀吉が造営した聚楽第(じゅらくだい)の一部を移築したものという説がある、京都・西本願寺にある国宝の建物といえば何？

Q19 空気中の細かい氷の結晶が、太陽の光でキラキラと輝く現象を宝石に例えて何という？

Q20 ネコはネコ科の動物、ではウミネコは何科の鳥？

Q21 イタリア語で「火を通したクリーム」という意味がある、生クリームと砂糖を火にかけてゼラチンで固めただけのシンプルなデザートは何？

Q22 化学や生物学では浸透圧を表し、数学では円周率を表すギリシア文字は何？

Q23 宮崎駿監督のアニメ映画「魔女の宅急便」で、主人公のキキが店番をしていたパン屋の名前は何？

Q24 馬のひづめの損傷を防ぐ為に、ひづめの底に付ける金具を何という？

Q25 巨大なキリスト像が立っていることで知られる、リオデジャネイロにある丘の名前は何？

Q26 元々は禅寺に入る為の門のことで、今ではどんな家にも必ずある出入り口のことを何という？

Q27 エレベーターで屋上を表す「R」はルーフの略、では地下を表す「B」は何の略？

Q28 英語で、昼を兼ねた遅い朝食のことを何という？

Q29 小麦粉の種類を大きく３つに分けると、強力粉、中力粉ともう１つは何？

Q30 1941年に日本の競馬史上初の三冠馬となったのはセントライト、ではその時に乗っていた騎手は誰？

Q31 大きさは、ほぼ月に近いという、海王星最大の衛星は何？

Q32 新聞や雑誌などで、写真の添えられた短い説明文を何という？

Q33 「大学ノート」の大学とは、どこの大学のこと？

Q34 空港で、着陸した飛行機を誘導する人を何という？

Q35 初代アメリカ合衆国大統領としてワシントンが就任した時、日本の徳川将軍は誰？

Q36 アガサ・クリスティーの名作「そして誰もいなくなった」で、舞台となっている島の名前は何？

Q37 アラビア語で「日の沈む地」すなわち西を意味する言葉で、チュニジア、アルジェリア、モロッコ等のアフリカ北西部の地域を総称して何という？

Q38 自分自身の美しさを感じたり、自己陶酔する人のことをギリシア神話の登場人物にちなんで何という？

Q39 灯台、うぐいす、世界一周などの技がある、ヨーロッパで始まった遊びは何？

Q40 力の限りを尽くして、あとは運命に任せることを「人事を尽くして何を待つ」という？

Q41 最初の遣隋使は小野妹子、では最初の遣唐使は誰？

Q42 モーターボートにパラシュートを引かせ、人間凧の気分を味わうマリンスポーツは何？

Q43 ナイル川の源流で、白ナイルはビクトリア湖、では青ナイルはどこ？

Q44 濃い硝酸と塩酸を1対3の割合で混ぜて作る、金をも溶かすことのできる液体は何？

Q45 和歌の作成技法のひとつで、有名な古い歌の一部を自作に取り入れて作ることを何という？

Q46 相撲の稽古で、土俵の代わりに地面に円を描いただけでやる稽古を何という？

Q47 「おーい水島、一緒に日本へ帰ろう」とオウムに言葉を教える感動的な場面が印象に残る、映画のタイトルは何？

Q48 吸血鬼伝説が伝わる、トランシルバニア地方がある国はどこ？

Q49 長篠の戦いで敗北し、7年後の天目山の戦いで滅亡した、戦国大名は誰？

Q50 扇がバラバラにならないように止めてある棒のことを何という？

Q51 競馬で短距離型の馬をスプリンター、では長距離型の馬は何という？

Q52 新薬の特許期間終了後に、製造・販売される医薬品を何という？

Q53 中東の国イエメンにある港の名前に由来する、有名なコーヒーの銘柄は何？

Q54 グリム童話「ブレーメンの音楽隊」の舞台、ブレーメンがある国はどこ？

Q55 1954年に、日本で初めて缶ジュースを発売した会社はどこ？

Q56 国際連合の機関で、唯一日本に本部がある組織は何？

Q57　ベートーベンの名曲をそのまま題名とした、トルストイの小説は何？

Q58　裁縫で指にはめて針の頭を押す、革や金属でできた輪を何という？

Q59　雪山で滑らないように登山靴の底に付ける、金属製の爪のことを何という？

Q60　英語ではフレンチリヴィエラ、日本語では紺碧海岸（こんぺき）と呼ばれる、フランス南部の風光明媚な海岸を何という？

おまけQUIZ 1　画像を見て答えよう（都市編）

QUIZ①　どこの国の何という都市？

QUIZ②　どこの国の何という都市？

A01　杵島岳（きしまだけ）

A02　きよしちょう座

A03　タナトロジー

A04　オークランド

A05　三隣亡（さんりんぼう）

A06　反故（ほご）

A07　ホストファミリー

A08　煮え湯

A09　100エーカーの森

A10　パリ

A11　綏靖（すいぜい）

A12　ジョー・ルーツ

A13　足柄山

A14　マングース

A15　ガブリロ・プリンチップ

A16　ソニア・リキエル

A17　エスキモーロール

A18　飛雲閣（ひうんかく）

A19　ダイヤモンドダスト

A20　カモメ科

A21　パンナコッタ

A22　Π（パイ）

A23　グーチョキパン

A24　蹄鉄（ていてつ）

A49　武田勝頼
A50　要^{かなめ}

A51　スティヤー
A52　ジェネリック医薬品
A53　モカ
A54　ドイツ
A55　明治製菓
A56　国連大学
A57　クロイツェル・ソナタ
A58　指貫
A59　アイゼン（クランポン、アイスクリート）
A60　コートダジュール

おまけQUIZ I　解答（都市編）

① ベトナム　ダナン
② イタリア　ヴェネツィア

松 山

　ここで行われるクイズは、バラマキクイズである。
　片道約150ｍの場所にまかれたクイズ問題の入った
封筒を持ち帰り、クイズに答えるというもの。但し、
ハズレが20％ある。２ポイント勝ち抜け。
　最初のスタート時のみハンデがある。10代〜20代通
常、30代10ｍ先、40代20ｍ先、50代30ｍ先、60代以
上は全員40ｍ先からのそれぞれスタートである。
　ここを勝ち抜けるのは13名。落ちるのは２名。

勝ち抜けポイント	次は楽しい 金沢
60問中36問以上正解	15名 ➡ 13名

Q01　海鞘の形が機雷に似ているために名付けられたといわれる、海鞘とこのわたで作る塩辛を何という？

Q02　愛媛県南予地方の海岸部で作られる郷土料理で、小魚等の内臓を取り除いて丸ごとすりつぶし、形を整え油で揚げたものを何という？

Q03　古語で、朝から晩までのことは「ひねもす」、では一晩中のことは何という？

Q04　ナポレオン遠征軍が発見した古代エジプト文字、その解読資料となった石を何という？

Q05　ラテン語で「新しいスコットランド人の国」という意味がある、カナダの州はどこ？

Q06　ユネスコが指定する世界遺産は全部で3種類、自然遺産、文化遺産ともう1つは何？

Q07　その名はラテン語で「濃い赤」を意味する言葉に由来する、原子番号37、元素記号Rbの元素は何？

Q08　1918年に日本で初めてケーブルカーが設けられた山はどこ？

Q09 酒に酔いフラフラ歩く様子を、ある鳥に例えて何という？

Q10 愛媛県伊方町(いかたちょう)にある、長さ約40ｋｍの「日本一細長い半島」といわれる四国最西端の半島の名前は何？

Q11 縁が上に曲がりタライ状の葉が２ｍにもなる、子供を乗せた写真で有名なアマゾン原産の水生植物は何？

Q12 地方公共団体が、自治体の不正疑惑等を解明する為に議会に設置する特別委員会を、地方自治法の条文の番号から何委員会という？

Q13 インテリアとして飾られることが多い、狩猟で得た獲物の首から上の部分を剥製にして作られる装飾品を何という？

Q14 アメリカのチャールズ・グッドイヤーが発明した、電気の絶縁体等に用いる生ゴムに多量の硫黄を加えて作る、黒い光沢を持った物質を何という？

Q15 源氏物語の巻名にもある、船舶に通りやすい深い所を知らせる為に水路に建てた杭を何という？

Q16 巨峰といえばぶどうのこと、では女峰といえば何？

Q17 「人間国宝」の正式名称は何？

Q18 日本では静岡県の堂ヶ島（どうがしま）のものが有名な、普段は海によって隔てられている島が、干潮時に海が割れ、陸地から沖合の島まで歩いて渡れるようになる現象を何という？

Q19 1811年に最初は仮説として発表された「同温同圧同体積の全ての気体には同じ数の分子が含まれる」という法則を、イタリアの物理学者の名前から何の法則という？

Q20 英語で「重なる」という意味がある、ギャザーやフリルを数段重ねて飾ったデザインのスカートのことを何という？

Q21 アポロンの投げた円盤が額に当たって命を落としたとされ、この時に流れた血から咲いた花が、彼の名にちなんで「ヒヤシンス」と名付けられた、ギリシア神話に登場する少年の名前は何？

Q22 タクシーで客を乗せて走ることを、「空車」に対して何という？

Q23 神社の仏殿にあり、参拝する時に鳴らす、大きな平たい金属製の鈴を何という？

Q24 人工衛星や探査機が、惑星や衛星等の重力を利用して加速することを何という？

Q25 若君として育てられた女と、姫君として育てられた男の、兄と妹の数奇な運命を描いた、平安時代後期に成立したとされる作者不詳の文学作品は何？

Q26 高さ11mを超える巨大フェンス「グリーンモンスター」で知られる、ボストン・レッドソックスの本拠地球場はどこ？

Q27 「空飛ぶホワイトハウス」とも呼ばれる、アメリカ大統領専用機のことを何という？

Q28 美人は長生きできないことが多いという意味の四字熟語は「美人何」という？

Q29 戦後GHQが日本に対して行った、新聞や放送に関する報道規制のことを英語で何という？

Q30 陸上の4つの投てき競技とは、やり投げ、砲丸投げ、円盤投げともう1つは何？

Q31 魚は昼夜を問わず目を閉じないことから、修行中に僧侶が眠らないように魚を模って作られるようになったといわれる、お寺にある読経をする時に使う道具は何？

Q32 青葉が茂っている中に、紅葉の季節でもないのに赤や黄色に色づいて落ちる木の葉のことを何という？

Q33 人を深く愛すると、その家の屋根にとまっているカラスまで愛するようになるという四字熟語は何？

Q34 身長-100で求められる、成人の標準体重を表す指数を何という？

Q35 1976年にイタリアのエルバ島の沖合で、人類史上初、素潜りで100ｍを超える記録を達成したフランス人ダイバーは誰？

Q36 野球で、左右両方の打席で打てる打者のことを何という？

Q37 広島県尾道市と愛媛県今治市を結ぶ「西瀬戸自動車道」のことを、通称「何海道」という？

Q38 パリのコンコルド広場とシャルル・ド・ゴール広場を結ぶ、有名な大通りの名前は何？

Q39 宝くじの正式名称は何？

Q40 映画の題名や内容を一切知らせずに行う覆面試写会のことを、英語で何という？

Q41 北欧神話で、人間が住む世界はミズガルズ、では神々が住む世界のことは何という？

Q42 全日本国民的美少女コンテストの初代グランプリを受賞したのは金谷満紀子、では２代目は誰？

Q43 見た目が「ポケットモンスター」の「ピカチュウ」に似ているところから、「ピカチュウウミウシ」の別名があるウミウシの一種は何？

Q44 うどんが入った大き目の茶碗蒸しのことを、うどんを紡いだ麻糸に見立てた呼び名で何という？

Q45 イスラム文化の代表的な建築物で、元々はアラビア語で「赤い城塞」という意味がある、スペインのグラナダにある有名な宮殿は何？

Q46 「夢うつつ」という言葉の「うつつ」とは何のこと？

Q47 モロッコの国旗の中央にデザインされている、星型の紋章のことを何という？

Q48 ドイツ語で「土地」という意味がある、スキー場の斜面のことを何という？

Q49 江戸時代、街道の一里ごとに植えられた、アサ科の落葉高木は何？

Q50 法隆寺金堂釈迦三尊像の制作者は誰？

Q51 1877年に工部大学校の教師として来日し、鹿鳴館やニコライ堂を設計したことで知られるイギリスの建築家は誰？

Q52 サルバドール・ダリが「砂糖をまぶした菓子のようだ」と評している、スペイン・バルセロナにある公園を何という？

Q53 俳句や和歌等の毎月の恒例行事に由来する、ありきたりで面白味のない様子を指す言葉は何？

Q54 物質の状態を指す英語で、気体はガス、液体はリキッド、では固体は何という？

Q55 1883年に日本で最初に天気図を作成し、天気予報を発表した、ドイツの航海士は誰？

Q56 主にカニの缶詰等に見られる、ガラス状の結晶が発生する現象を何という？

Q57 1946年にツーピースの水着である「ビキニ」を発表したことで知られるフランスのファッションデザイナーは誰？

Q58 女性が結婚を機に会社を辞めることを、俗に「何退社」という？

Q59 メソポタミア文明で知られるチグリス川とユーフラテス川は、下流で合流して何という川になる？

Q60 国際自然保護連合が発行している、絶滅の危機に瀕している動植物をリスト化したガイドブックを何という？

おまけQUIZ II　画像を見て答えよう（蝶々編）

QUIZ①　このチョウの名前は何？

QUIZ②　このチョウの名前は何？

A01　莫久来
（ばくらい）

A02　じゃこ天

A03　よもすがら

A04　ロゼッタストーン

A05　ノバスコシア州

A06　複合遺産

A07　ルビジウム

A08　生駒山

A09　千鳥足

A10　佐田岬半島
（さだみさき）

A11　オオオニバス

A12　百条委員会

A13　ハンティングトロフィー

A14　エボナイト

A15　澪標
（みおつくし）

A16　いちご

A17　重要無形文化財保持者

A18　トンボロ現象

A19　アボガドロの法則

A20　ティアード・スカート

A21　ヒュアキントス

A22　実車

A23　鰐口
（わにぐち）

A24　スイングバイ

A25 とりかへばや物語

A26 フェンウェイ・パーク

A27 エアフォースワン

A28 美人薄命

A29 ブレスコード

A30 ハンマー投げ

A31 木魚

A32 病葉

A33 屋烏之愛

A34 ブローカ指数

A35 ジャック・マイヨール

A36 スイッチヒッター

A37 しまなみ海道（瀬戸内しまなみ海道）

A38 シャンゼリゼ通り

A39 当せん金付証票

A40 スニーク・プレビュー

A41 アースガルズ（アスガルド）

A42 細川知保（細川直美）

A43 ウデフリツノザヤウミウシ

A44 小田巻蒸し

A45 アルハンブラ宮殿

A46 現実

A47 スレイマンの星

A48 ゲレンデ

A49　エノキ

A50　鞍 作 止利（止利仏師）
　　くらつくりの と り

A51　ジョサイア・コンドル

A52　グエル公園

A53　月並み

A54　ソリッド

A55　エリヴィン・クニッピング

A56　ストラバイト現象

A57　ルイ・レアール

A58　寿退社

A59　シャトルアラブ川

A60　レッドデータブック

おまけQUIZ I　解答（蝶々編）

① オオゴマダラ

② ルリタテハ

第6チェックポイント

金 沢

　ここで行われるのは、札捨て三択クイズである。各自①②③の番号札を2枚ずつと無地の札1枚の計7枚を持ちスタート、正解ならそのまま所持、不正解ならその番号札を没収。無地の札は任意の番号を書き使用可能。全ての札が無くなったら0ポイントからやり直し。

　7ポイント勝ち抜け。

　ここを勝ち抜けるのは12名。落ちるのは1名。

勝ち抜けポイント	次は楽しい 五稜郭
40問中28問以上正解	13名 ➡ 12名

Q01 日本の楽器を元に設計された、金沢駅の建造物は何？
①鼓門　②和太鼓門　③三味線門

Q02 金沢兼六園、水戸偕楽園と共に、日本三大名園と呼ばれているのはどこ？
①岡山後楽園　②彦根玄宮園　③松江由志園

Q03 石川県最高峰の山の名前は何？
①大門山　②白山　③大日ヶ岳

Q04 種村有菜原作の漫画「神風怪盗ジャンヌ」で、主人公ジャンヌの正体は誰？
①名古屋稚空　②東大寺都　③日下部まろん

Q05 ドラマ「スケバン刑事」で、主演を務めた女優のうち、芸名だったのは誰？
①斉藤由貴　②南野陽子　③浅香唯

Q06 次の作家のうち、うるう年の2月29日生まれなのは誰？
①西村京太郎　②赤川次郎　③山村美紗

Q07 「黒いダイヤ」とも呼ばれる「クロマグロ」は何科の魚？
①マグロ科　②サバ科　③カジキ科

Q08 「小額通貨整理法」により、1円未満の通貨が使用できなくなったのは昭和何年から？
①昭和28年　②昭和29年　③昭和30年

Q09 次のうち、実際にある植物はどれ？
①タコノキ　②イカノキ　③ヒトデノキ

Q10 「お茶の子さいさい」という言葉の「お茶の子」とは何のこと？
①茶柱　②子供　③お菓子

Q11 1600年の関ヶ原の戦い、日本の年号ではいつのこと？
①慶長5年　②慶長10年　③慶長15年

Q12 「アンネの日記」の中で、アンネ・フランクが「あなた」と話しかける、架空の友達の名前は何？
①キティー　②チェルシー　③キャンディー

Q13 松本零士の漫画に出てくるキャラクター、エメラルダスとメーテルの関係は何？
①親友　②姉妹　③仇敵

Q14 次のうち、実際にはない星座はどれ？
①くじら座　②いるか座　③さめ座

Q15 ジョージ・マロリーが残した名言「そこに山があるから」、この山とはどこのこと？
①エベレスト　②ブロードピーク　③マナスル

Q16 アメリカのケネディ大統領が暗殺される瞬間を撮ったビデオフィルムを何という？
①クルレーダフィルム　②ザプルーダフィルム　③イレイーダフィルム

Q17 七夕で、短冊を飾るのは元々何を願う為？
①雨乞い　②習い事の成就　③恋愛の成就

Q18 世界で初めて「リサイタル」を開催したといわれている人物は誰？
①ショパン　②リスト　③剛田武（ごうだたけし）

Q19 真珠の養殖に使われるアコヤ貝は何科の貝？
①イタヤガイ科　②ウグイスガイ科　③サカマキガイ科

Q20 山梨県甲府駅の隣にある駅はどれ？
①りゅうおう　②しどう　③ぞうま

Q21 日本国憲法の前文の書き出しは何？
①日本国憲法は　②日本国民は　③日本国は

Q22 「ありがとう」という言葉の対義語は何？
①どういたしまして　②ごめんなさい　③あたりまえ

Q23 かつて「か〜ら〜すなぜ鳴くの、からすの勝手でしょ」という替え歌を流行らせた、ドリフターズのメンバーは誰？
①いかりや長介　②加藤茶　③志村けん

Q24 「セピア色」のセピアとは、元々何のこと？
①イカスミ　②鉛筆の芯　③思い出

Q25 クサントスの墳墓をそのまま移築した、大英博物館が所蔵する記念堂はどれ？
①イルリアット　②パリアサンドヒルズ　③ネレイデス

Q26 映画「スーパーマン」で、スーパーマンが唯一苦手としているものは何？
①アーマルコライト　②タングステナイト　③クリプトナイト

Q27 中原アヤ原作の漫画「ラブ★コン」で、本当は男なのは誰？
①小泉リサ　②石原信子　③寿聖子

Q28 かつて太公望と呼ばれた、周の丞相は誰？
①呂尚　②孫子　③伍子胥

Q29 東京の地名「八重洲」の由来となった、ヤン・ヨーステンはどこの国の人？
①ベルギー　②オランダ　③イタリア

Q30 果物の「レモン」の原産国はどこ？
①インド　②ブラジル　③オーストラリア

Q31 ゲートボールのコートに、ゲートはいくつある？
①3つ　②4つ　③5つ

Q32 郵便ポストの正式名称は何？
①郵便差出箱　②郵便回収箱　③郵便投函箱

Q33 「ビッグ・アップル」という愛称がある、アメリカの都市はどこ？
①サンフランシスコ　②シカゴ　③ニューヨーク

Q34 タイの通貨単位はバーツ、では補助通貨単位は何？
①サタン　②ビデル　③フリザ

Q35 元々は「私を元気づけて」という意味がある、デザートは何？
①パンナコッタ　②ナタデココ　③ティラミス

Q36 旧太陽神戸銀行は、現在の何銀行？
①三井住友銀行　②みずほ銀行　③三菱UFJ銀行

Q37 アメリカにある死の谷「デスバレー」がある州はどこ？
①カリフォルニア州　②コロラド州　③ユタ州

Q38 永井豪原作のアニメ「デビルマン」で、デビルマンが最後に戦った相手は誰？
①シレーヌ　②ザンニン　③ゴッド

Q39 美空ひばりのヒット曲「川の流れのように」の川とは、どこの川のこと？
①ハドソンリバー②イーストリバー③ミシシッピリバー

Q40 「アメリカ連邦捜査局」を、アルファベット３文字で何という？
①ＦＢＩ　②ＣＩＡ　③ＫＧＢ

A01　①鼓門

A02　①岡山後楽園

A03　②白山

A04　③日下部まろん

A05　③浅香唯

A06　②赤川次郎

A07　②サバ科

A08　②昭和29年

A09　①タコノキ

A10　③お菓子

A11　①慶長5年

A12　①キティー

A13　②姉妹

A14　③さめ座

A15　①エベレスト

A16　②ザプルーダフィルム

A17　②習い事の成就

A18　②リスト

A19　②ウグイスガイ科

A20　①りゅうおう

A21　②日本国民は

A22　③あたりまえ

A23　③志村けん

A24　①イカスミ

A25　③ネレイデス

A26　③クリプトナイト

A27　③寿聖子

A28　①呂尚

A29　②オランダ

A30　①インド

A31　①３つ

A32　①郵便差出箱

A33　③ニューヨーク

A34　①サタン

A35　③ティラミス

A36　①三井住友銀行

A37　①カリフォルニア州

A38　③ゴッド

A39　②イーストリバー

A40　①ＦＢＩ

第7チェックポイント

五稜郭

　ここで行われるのは、大声クイズである。いち早く、一定量の声量を出した者に解答権が与えられるのだが、スタッフに付けてもらった叫ぶ言葉によって、叫びやすい叫びづらいの差がどうしても出てしまう。その部分は運任せだ。

　2ポイント勝ち抜け。

　誤答はマイナス1ポイント。

　ここを勝ち抜けるのは11名。落ちるのは1名。

勝ち抜けポイント	次は楽しい 小樽
40問中28問以上正解	12名 ➡ 11名

Q01 緒方洪庵や佐久間象山から西洋学を学び、様式城郭「五稜郭」を設計したのは誰？

Q02 現在の2代目五稜郭タワーの高さは107m、では初代五稜郭タワーの高さは何m？

Q03 フランス語で「万国の宮殿」という意味があり、元々は国際連盟の本部として建設され、現在では国際連合ジュネーブ事務局として使用されている建物を何という？

Q04 小倉百人一首の最初の詠み人は天智天皇、では最後の詠み人は誰？

Q05 一休さんのとんち話で「屏風に描かれた虎を捕まえよ」と命じた将軍は誰？

Q06 キューバの独立を祝う為に生まれた、ラム酒にライムジュースとコーラを混ぜて作るカクテルを何という？

Q07 動物の繁殖を目的に、動物園や水族館同士で動物を貸し借りする契約制度を何という？

Q08 岐阜県高山市と長野県松本市の県境に位置し、1968年に発表された山本茂美のノンフィクション文学の題材となった峠の名前は何？

Q09 ジョージ・ワシントンがアメリカ初代大統領に就任した際に、副大統領になったのは誰？

Q10 角砂糖にブランデーを染み込ませ、火を付けて飲むコーヒーを何という？

Q11 相撲の番付表の中央上部に大きく書かれている、許可を得た興行相撲であることを表す言葉は何？

Q12 トルコ語で「大砲の門」という意味がある、15世紀中頃にオスマン帝国のメフメト２世が建立し、現在は博物館になっている宮殿は何？

Q13 最高裁判所が、法令について憲法に適合するかしないかを審査し、その有効・無効を判断する権限を何という？

Q14 森鴎外の短編小説の題名にもあり、文殊菩薩と普賢菩薩の化身ともいわれる、唐の２人の詩人を合わせて何という？

Q15 水深１万ｍを超える、マリアナ海溝の最深部を何という？

Q16 良いことにはとかく邪魔が入り長続きしないことを例えて「月に叢雲花に何」という？

Q17 景観の美しさから「伊豆の瞳」とも呼ばれる、日本で初めてブルーギルが放流された、伊豆半島最大の湖の名前は何？

Q18 将棋盤や碁盤を作る工程で、刃を丸めた日本刀を使ってマス目の線を入れていくことを何という？

Q19 日本のプロ野球での「永久欠番」のことを、アメリカのメジャーリーグでは何という？

Q20 シルクロードの難関のひとつで、タジク語で「世界の屋根」という意味がある高原は何？

Q21 学生野球の父と呼ばれる飛田穂洲が野球に取り組む姿勢を表した言葉で、全精神を集中して一球一球を投げることを漢字4文字で何という？

Q22 アイヌの間では、「丸木舟を彫る鳥」という意味の「チプ・タ・チカップ」と呼ばれ、危険を教えたり、道案内をする神として崇められていた、日本最大のキツツキを何という？

Q23 「誰に問われるでもなく自分の人生を語る」という自伝形式で、後深草院二条が実体験を綴った、鎌倉時代の日記文学を何という？

Q24 1970年に打ち上げられた、日本で最初の人工衛星の名前は何？

Q25 最高約50ｍの高さまで熱水を噴き上げる、アメリカのイエローストーン国立公園にある世界有数の間欠泉の名前は何？

Q26 東京駅の丸の内側駅舎がモデルにしたといわれる、オランダにある駅の名前は何？

Q27 指輪の中央に一粒の宝石をあしらったデザインのものを何という？

Q28 日本最北端の国立公園はどこ？

Q29 オーストラリア大陸とタスマニア島の間にある海峡の名前は何？

Q30 囲碁で、対局中に取った相手の石のことを何という？

Q31 パンクした後でも100ｋｍ程度の距離の走行が可能であるように設計されているタイヤを何という？

Q32 アフリカ大陸で17か国が植民地からの独立を達成し「アフリカの年」とも呼ばれるのは西暦何年のこと？

Q33 ニュージーランドの山で、南島(みなみじま)の最高峰は3724mのクック山、では北島(きたじま)の最高峰で標高2797mの山の名前は何？

Q34 銭湯や居酒屋の下駄箱に使われている木の板でできた鍵のことを、作っていた会社の名前から何という？

Q35 1日24時間を秒に換算すると何秒になる？

Q36 神道の祭祀において、お祓いの時に使う、木の棒の先に紙垂を付けた道具を何という？

Q37 海岸等に打ち上げられた漂着物を、収集の対象にしたり観察して楽しむことを何という？

Q38 ディズニーのアニメ映画「アラジン」で、魔法のランプに宿っている青い見た目をした精霊を何という？

Q39 アメリカの独立運動に活躍した政治家で「私に自由を与えよ、然らずんば死を与えよ」という演説で有名なのは誰？

Q40 蜜蜂(みつばち)の巣の中で、女王蜂が育つ部屋を何という？

A01　武田斐三郎

A02　60 m

A03　パレ・デ・ナシオン

A04　順徳院

A05　足利義満

A06　キューバ・リブレ（キューバ・リバー）

A07　ブリーディングローン

A08　野麦峠

A09　ジョン・アダムス

A10　カフェロワイヤル

A11　蒙御免

A12　トプカプ宮殿（トプカピ宮殿）

A13　違憲立法審査権

A14　寒山拾得

A15　チャレンジャー海淵

A16　風

A17　一碧湖

A18　太刀盛り

A19　リタイヤードナンバー

A20　パミール高原

A21　一球入魂

A22　クマゲラ

A23　とはずがたり（とわずがたり）

A24　おおすみ

A25　オールド・フェイスフル・ガイザー

A26　アムステルダム中央駅

A27　ソリテール（ソリティア）

A28　利尻礼文サロベツ国立公園

A29　バス海峡

A30　アゲハマ

A31　ランフラットタイヤ

A32　1960年

A33　ルアペフ山

A34　松竹錠
_{しょうちくじょう}

A35　86400秒

A36　大幣（大麻とも表記する）
_{おおぬさ}

A37　ビーチコーミング

A38　ジーニー

A39　パトリック・ヘンリー

A40　王台
_{おうだい}

第8チェックポイント

小 樽

　ここで行われるのは、早押し通過クイズである。

　2ポイント取ると1問3答の通過クイズに挑戦、3つ全てを答えることができれば勝ち抜け。答えられなければ0ポイントに逆戻り。

　お手付き、誤答は1回休み。通過クイズは本人のみ答えることができる。

　ここを勝ち抜けるのは9名。落ちるのは2名。

勝ち抜けポイント	次は楽しい 札幌
48問中33問以上正解かつ通過クイズ20問中14問以上正解	11名 ➡ 9名

Q01 明治時代に小樽市の農園で偶然発見され、当初は農園主の名前から「藤野」と名付けられた、実の尻がやや尖ったサクランボの品種は何？

Q02 アイヌ語で「つる草の絡まる砂浜」という意味がある、小説家、伊藤整の文学碑があることで知られる、小樽市にある地名はどこ？

Q03 その署名は後鳥羽天皇の御製に由来するといわれる、江戸時代中期の儒学者、新井白石の随筆の名前は何？

Q04 物理学では座標系を表し、統計学では標準偏差を表す記号として用いられるギリシア文字は何？

Q05 古代エジプトで、ミイラを作る際に遺体の臓器を収めた壺を何という？

Q06 葉の形状が剣のように尖っていることから名付けられた、別名を「オランダショウブ」というアヤメ科の植物は何？

Q07 ロンドンのウエスト・エンド地区の中心に位置し、中央には「エロス」という名の噴水があることで知られる広場を何という？

Q08 「アルゴリズム」という言葉の語源となった、9世紀のイラクの数学者は誰？

Q09 西暦2000年の干支は何だった？

Q10 かつての人気ドラマ「ドクターX」で、米倉涼子が演じた天才外科医の名前は何？

Q11 元々は、中国が楚の時代の詩人である屈原の亡霊を鎮める為に作ったのが始まりとされる食べ物は何？

Q12 徳を磨いて立派な人物になろうという功名心を「何の志」という？

Q13 1612年に山田長政が朱印船で現在のタイに渡った時の王朝の名前は何？

Q14 野菜の種類でレタスはキク科の植物、ではキャベツは何科の植物？

Q15 近代ボウリングの原型となった「ナインピンズ」というゲームを考案した、ドイツの宗教革命家は誰？

Q16 元々は、木を植え替える際に余分な根を切っておくことで、転じて、物事を行う際に事前に手を打っておくことを何という？

Q17 1804年、「通仙散」と名付けた麻酔薬を使い、世界で初めて全身麻酔下での手術を成功させた江戸時代の外科医は誰？

Q18 気象学で、気圧の差によって風が起こる力のことを何という？

Q19 個数の単位で「1グロス」は144個のこと、では「1グレートグロス」とは何個のこと？

Q20 野球で、投手の代わりに打席に立つ「指名打者」のことを、アルファベット2文字で何という？

Q21 最も大きい「うみへび座」は、1302.844、最も小さい「みなみじゅうじ座」は、68.447である、星座の広さを表す単位は何？

Q22 元々は、タヒチの原住民が着用していた民族衣装で、現在ではファッションアイテムとして、水着の上にスカートのように巻いて使用する布を何という？

Q23 モータースポーツ等において、スピードの出し過ぎを防ぐ為に設置される障害コーナーや障害物を何という？

Q24 古代エジプトでは「ナイルの星」と呼ばれたという、全天に21個ある1等星の中で最も明るい恒星は何？

Q25 唐の玄宗皇帝の夢の中に現れ、魔を祓い病気を治したといわれる神様の名前は何？

Q26 世界最大の島、グリーンランドはどこの国の領土？

Q27 バルト三国のうち、国旗の色が三色旗でない国はどこ？

Q28 日本で一番深い湖は田沢湖、では2番目はどこ？

Q29 嘘つきが手を入れると手が抜けなくなるという伝説がある、ローマにある有名な観光名所はどこ？

Q30 1940年に日本で初めて蛍光灯が実用化された、有名な寺院はどこ？

Q31 カーネーションの近代的栽培技術や体制を構築し、新しい品種を生みだしたことから「カーネーションの父」と称される、日本の実業家は誰？

Q32 元々は、「デンマークの大きな犬」という意味がある、アメリカ・ペンシルベニア州の、州の犬にもなっている犬種は何？

Q33 駄菓子屋さんの店頭でよく見かける、お菓子や煎餅等を入れておく丸い保存瓶のことを、ある惑星の名前を取って何という？

Q34 大相撲史上、最強の力士といわれる雷電為右衛門が所属していた部屋はどこ？

Q35 小型の蜘蛛や蜘蛛の幼体等が糸につかまり、風に乗って空を飛ぶことを何という？

Q36 1912年に氷山に衝突し沈没した「タイタニック号」に、唯一乗船していた日本人は誰？

Q37 徳川家光の芝増上寺参詣の帰途に、愛宕山の石段を馬で駆け上がり、咲き匂う梅の花の枝を持ってきて賞賛を得た、馬術の達人は誰？

Q38 神社に行き、赤ちゃんが無事に生誕1か月を迎えたことを神様に報告し、祈願する行事を何という？

Q39 1789年のフランス革命の際に、革命政府が没収した教会財産を担保として発行した紙幣を何という？

Q40 ＳＦ映画のＳＦとは、何という言葉の略？

Q41 徳川家康の下で、江戸幕府の法律の立案や外交、宗教統一を一手に引き受け、江戸時代の礎を築いたことから「黒衣の宰相」とも呼ばれた僧侶は誰？

Q42 イギリスのロックバンド「ビートルズ」の4人のメンバーの中で、唯一本名ではなかったのは誰？

Q43 略称を「AU」といい、エチオピアのアディスアベバに本部を置く、2002年に発足された連合体を何という？

Q44 2001年のアメリカ同時多発テロを受けて、あらゆる脅威から国土の安全を守る為に新設されたアメリカの省庁は何？

Q45 歯の検査で、虫歯の進行度を表す「C」は、何という言葉の略？

Q46 オーディオ機器で、高音用のスピーカーをツイーターというのに対し、低音用のスピーカーは何という？

Q47 フランスの画家マネのファーストネームはエドゥアール、では同じフランスの画家モネのファーストネームは何？

Q48 明治27年に、アメリカ伝来のスポーツである「ベースボール」を「野球」と命名したのは誰？

A01　北光（水門）

A02　文庫歌

A03　折たく柴の記

A04　Σ（シグマ）

A05　カノプス壺

A06　グラジオラス

A07　ピカデリーサーカス

A08　アル・フワーリズミー

A09　辰年

A10　大門未知子

A11　ちまき

A12　青雲の志

A13　アユタヤ王朝

A14　アブラナ科

A15　マルティン・ルター

A16　根回し

A17　華岡青洲

A18　気圧傾度力

A19　1728個

A20　ＤＨ

A21　平方度

A22　パレオ

A23　シケイン

A24　シリウス

Q01　日本三景と呼ばれる、3つの景勝地はどこ？

Q02　カナダにある3つの準州といえば何？

Q03　1970年代に活躍したアイドルグループ、「キャンディーズ」の3人のメンバーは誰？

Q04　江戸時代、町奉行所によって歌舞伎興行を許された「江戸三座」といえば何？

Q05　オリオン座の中心部にある、3つの星の名前は何？

Q06　日本三大名瀑といわれる、3つの滝の名前は何？

Q07　高橋留美子原作の漫画「らんま1/2」で、天道家の三姉妹の名前は何？

Q08　日本三大随筆といわれるものは何？

Q09　日本の三大地鶏といわれる、鶏の品種は何？

Q10　動物学者の高島春雄が唱えた、世界の三大珍獣といえば何？

Q11 ヨーロッパのルネサンス期における三大発明とは何？

Q12 世界の三大珍味といわれる食べ物は何？

Q13 世界三大国際映画祭といわれるものは何？

Q14 出羽三山といわれる、３つの山の名前は何？

Q15 明治時代中期の歌舞伎人気に貢献し「団菊左」と呼ばれた、３人の歌舞伎役者は誰？

Q16 春の夜空に見られる、春の大三角を構成する３つの星の名前は何？

Q17 サラブレッドの三大始祖といわれる、３頭の馬の名前は何？

Q18 任天堂ファミリーコンピュータが1983年に発売された際に、同時に発売された３本のソフトの名前は何？

Q19 北条司原作の漫画「キャッツ♡アイ」の主人公、来生三姉妹の名前は何？

Q20 日本三大急流といわれる３つの河川の名前は何？

A01　松島、宮島、天橋立

A02　ユーコン準州、ヌナブト準州、ノースウエスト準州

A03　伊藤蘭、藤村美樹、田中好子

A04　中村座、市村座、森田座

A05　アルニタク、アルニラム、ミンタカ

A06　華厳の滝　袋田の滝、那智の滝

A07　天道あかね、天道なびき、天道かすみ

A08　徒然草、枕草子、方丈記

A09　比内鶏、薩摩鶏、名古屋コーチン

A10　コビトカバ、オカピ、ジャイアントパンダ

A11　火薬、羅針盤、活版印刷

A12　キャビア、フォアグラ、トリュフ

A13　カンヌ国際映画祭、ベルリン国際映画祭、
　　　ヴェネツィア国際映画祭

A14　月山、羽黒山、湯殿山

A15　市川団十郎、尾上菊五郎、市川左団次

A16　アークトゥルス、スピカ、デネボラ

A17　ゴドルフィンアラビアン（ゴドルフィンバルブ）、
　　　ダーレーアラビアン、バイアリーターク

A18　ドンキーコング、ドンキーコングJR.、ポパイ

A19　来生泪、来生瞳、来生愛

A20　最上川、富士川、球磨川

札　幌

　ここで行われるのは、5○2×早押しクイズである。
5ポイント勝ち抜け。
　お手付き、誤答は2回で失格。
　ここを勝ち抜けるのは6名。落ちるのは3名。

勝ち抜けポイント	次は楽しい 摩周湖
60問中42問以上正解	9名 ➡ 6名

Q01 1869年に明治新政府から「蝦夷開拓御用掛」に任命され、蝦夷の地を「北海道」と名付けたのは誰？

Q02 亀山上皇が、橋の上空を移動していく月を眺めて「くまなく月の渡るに似る」と感想を述べたことに由来する、京都・嵐山の桂川に架かる橋の名前は何？

Q03 「鬼の霍乱」等の「霍乱」という言葉の元になった四字熟語は何？

Q04 元寇の重要な資料として知られる「蒙古襲来絵詞」を製作した、鎌倉時代の武士は誰？

Q05 秋の夜空に見られるペガススの大四辺形とは、マルカブ、シュアト、アルゲニブともう1つは何？

Q06 日本の国定公園を管理しているのは都道府県、では国立公園を管理している省庁はどこ？

Q07 江戸時代にオランダから輸入されたガラス器を衝撃から守る為に、荷物の間に詰めてクッション代わりにしたことから「つめくさ」という名前が付いた植物を英語で何という？

Q08 ギリシア語で「大地のリンゴ」という意味があるハーブの一種で、花にリンゴの果実に似た匂いがある、キク科の植物は何？

Q09 野球で、投手が投球した後に、バントの構えからヒッティングに転ずる打法を何という？

Q10 美術展等で、自由な作品をたくさん発表する無審査制の展覧会を何という？

Q11 パイナップルに多く含まれている、肉のタンパク質を分解して柔らかくする働きを持つ酵素を何という？

Q12 電力制御や交直流の相互交換に利用するもので、ごくわずかな電流で大電流を制御できる半導体素子を何という？

Q13 合理的打算で結びついた社会を「ゲゼルシャフト」というのに対し、人間の感情や意志で形成された社会を何という？

Q14 ゾロアスター教の善の神はアフラ・マズダー、では悪の神は何という？

Q15 笑顔を見せないことで知られた、アメリカのサイレント映画時代の喜劇王といえば誰？

Q16 ギリシア神話で、天界から火を盗み人類に与えたといわれているのは誰？

Q17 エアーズロックの約2.5倍の大きさを誇る、オーストラリアにある世界最大の1枚岩を何という？

Q18 1958年から1971年まで、札幌市北区と石狩市生振（おやふる）にまたがる形で存在した油田を何という？

Q19 「さっぽろ羊ヶ丘展望台」にある、クラーク博士像の製作者は誰？

Q20 著者は南北朝時代の玄恵（げんえ）とされ、25通の手紙文を編纂し江戸時代の寺子屋でも多く使用された、室町時代前期に成立した代表的な教科書を何という？

Q21 恐竜絶滅の原因のひとつとされている、メキシコのユカタン半島にある巨大なクレーターを何という？

Q22 スキーのノルディック複合で、前半のジャンプの点数をタイムに換算し、後半のクロスカントリーではジャンプの成績が良かった順からタイム差をつけて次々とスタートする方式を何という？

Q23 ことわざで、長い間不遇の身であった人物に、意外な幸運が訪れることを「何に花が咲く」という？

Q24 日本の河川で、淀川の河口があるのは大阪府、では仁淀川（によどがわ）の河口がある都道府県はどこ？

Q25 日本神話で、世界が暗闇に包まれる原因となった、太陽神である天照大神が隠れた洞窟の名前は何？

Q26 長野県の善光寺にあるものが有名な「中央にはめ込まれている石を回すと、諸々の苦悩を抜け出すことができる」とされる石柱を何という？

Q27 日本の検定試験、通称「英検」の正式名称は何？

Q28 台湾原産のボゴールパインのことを、一口ずつ千切って食べられるところから、通称「何パイン」という？

Q29 「東洋のエジソン」や「からくり儀右衛門」と呼ばれた発明家で、後の東芝である芝浦製作所の創業者は誰？

Q30 ビリヤードで、ゲーム開始時に最初に打つショットを何という？

Q31 元々は、女性が婚約を申し込んできた男性から贈られる習慣に由来するといわれる、主にブリオッシュ生地のパンにたっぷりの生クリームを挟んだお菓子を何という？

Q32 1692年に、現在のアメリカ・マサチューセッツ州ダンバースで起きた有名な魔女裁判を、舞台となった村の名前から何という？

Q33 別名を「ブラシクリーナー」ともいう、油絵具を使用した筆に使う、石油を精製した溶剤のことを何という？

Q34 哲学者のサルトルが提唱した、知識人や芸術家が現実の問題に取り組み社会運動等に参加することを、フランス語で何という？

Q35 フランス王ルイ15世の治世下の財務大臣の名前に由来する、輪郭の中が黒で塗りつぶされた単色絵画や影絵のことを何という？

Q36 1979年に創設された「建築界のノーベル賞」ともいわれる賞は何？

Q37 今年の実りへの感謝と来年の豊作を願って、木の上に数個残しておく柿のことを何という？

Q38 イスラム教の聖殿である、カーバ神殿を覆っている黒い布のことを何という？

Q39 人間の体に最も多く含まれている重金属は何？

Q40 カナダの国旗にデザインされている植物は何？

Q41 かつて「女人結界」が定められていた高野山で、女性の参拝が許されていたことから「女人高野」とも呼ばれる、奈良県宇陀市にある寺院はどこ？

Q42 古来、刃物を研ぐ砥石の代わりに用いられていたという植物は何？

Q43 1215年、第4ラテラノ公会議において、「教皇は太陽、皇帝は月」と演説したローマ教皇は誰？

Q44 「植物の成長速度や収量は、必要とされる栄養素のうち、与えられた量の最も少ないものにのみ影響する」という説を、提唱したドイツの化学者の名前を取って何という？

Q45 1991年に行われた兵庫県芦屋市の市長選で当選し、日本で最初の女性市長となったのは誰？

Q46 ナイル川にアスワン・ハイ・ダムが建設されることになり移築された、エジプト王ラムセス2世が建造した神殿は何？

Q47 唐宋八大家のひとりで「紅一点」という言葉の元となった「柘榴を詠む」という詩の作者は誰？

Q48 1860年に、外国人として初めて富士山登頂に成功したイギリスの外交官は誰？

Q49 食前・食後等の時間を問わずに、いつでも楽しめる一般的なカクテルのことを何という？

Q50 学名を「アイルロポダ・メラノレウカ」という、動物園では人気者の動物といえば何？

Q51 ドイツの劇作家、フリードリヒ・マクシミリアン・クリンガーが書いた同名の戯曲に由来する、日本語では「疾風怒涛」という言葉をドイツ語で何という？

Q52 1930年代から40年代にかけて活躍したアメリカの腹話術師、エドガー・バーゲンの相棒である人形の名前は何？

Q53 アメリカが西部開拓時代に保安官だったワイルド・ビル・ヒコックが暗殺された際に所持していたところから、ポーカーでエースと8の黒のツーペアのことを何という？

Q54 リカちゃん人形を発売している日本のメーカーはタカラトミー、ではバービー人形を発売しているアメリカのメーカーはどこ？

Q55 英語で戦闘機のことはファイター、では迎撃機のことは何という？

Q56 現在の日本俳優連合の初代理事長を務めた、日本最初のクイズ番組「話の泉」の初代司会者は誰？

Q57 題名は「悟りを求める心」という意味に由来する、鴨長明の仏教説話集は何？

Q58 プロ野球公式戦において、長嶋茂雄・一茂親子の両方と対決した経験がある唯一の投手は誰？

Q59 面積の単位で、1ヘクタールとは何㎡のこと？

Q60 王林、北斗、陸奥等の種類がある果物は何？

おまけQUIZ Ⅲ　画像を見て答えよう（世界遺産編）

QUIZ① 南フランスにある、この建造物の名前は何？

QUIZ② トルコ・イスタンブールにある、この建造物の名前は何？

A01　松浦武四郎
A02　渡月橋
A03　揮霍撩乱
A04　竹崎季長
A05　アルフェラッツ
A06　環境省
A07　クローバー
A08　カモミール
A09　バスター
A10　アンデパンダン
A11　ブロメリン（ブロメライン）
A12　サイリスタ
A13　ゲマインシャフト
A14　アーリマン（アンラ・マンユ、アフリマン）
A15　バスター・キートン
A16　プロメテウス
A17　マウント・オーガスタス
A18　茨戸油田
A19　坂坦道
A20　庭訓往来
A21　チクシュルーブ・クレーター
A22　グンダーセン方式
A23　埋もれ木
A24　高知県

おまけQUIZ Ⅲ　解答（世界遺産編）

① ポン・デュ・ガール

② アヤソフィア

第10チェックポイント

摩周湖

　ここで行われるのは、5セット限定サバイバルクイズである。各セット12問限定でクイズ形式が異なる。

　5セット終了時点で合計ポイントが一番少ない者1名が敗退となる。また、5セット終了時まで各挑戦者が何ポイント獲得したかは知らされない。

　ここを勝ち抜けるのは5名。

勝ち抜けポイント	次は楽しい
60問中42問以上正解	仙台
	6名 ➡ 5名

第1セット

　第1セットは、早押しボードクイズである。全体に対する早押しクイズを出題、誰かがボタンを押した時点で問読みは停止。その時点で全員がボードに解答を記入。
　ボタンを押した人が正解プラス2ポイント。
　ボタンを押した人が不正解マイナス1ポイント。
　他の人が正解プラス1ポイント。
　他の人が不正解増減なし。

Q01 アイヌ語で「老婆の神」という意味がある、摩周湖のほぼ中央に浮かぶ島の名前は何？

Q02 2の累乗から1を引いた自然数のことを、フランスの数学者の名前を取って何という？

Q03 1812年に起きた米英戦争の末期に、ニューオリンズの戦いで多大な功績をあげ、第7代アメリカ大統領に就任したのは誰？

Q04 東京都にある唯一の国定公園の名前は何？

Q05 イタリア語で「チフス患者」という意味がある、Ｆ１の熱狂的なフェラーリファンを何という？

Q06 競馬の安田記念は安田伊左衛門の功績を称えて創設されたもの、では有馬記念は誰の功績を称え創設されたもの？

Q07 有機廃棄物の国境を越える移動や処分の規制に関する国際条約を、採択されたスイスの都市の名前から何という？

Q08 ７世紀にチベット初の統一王国を樹立し、チベット文字や文法を確立させた王は誰？

Q09 浅瀬でも漕げるように底を平たくした舟のことで、安楽死を題材にした森鴎外の小説の題名にもあるのは何？

Q10 「虎の子渡しの庭」と名付けられた石庭で知られる京都の寺はどこ？

Q11 野球でスコアといえば得点のこと、ではオーケストラでスコアといえば何？

Q12 クリスマスツリーで使われる、モミの木は何科の植物？

第2セットは、普通の早押しクイズである。
1問正解1ポイント。
お手付き、誤答はマイナス1ポイント。

Q01 英語で、ゲームセンター等にある業務用ゲーム機のことをアーケードゲームというのに対し、家庭用ゲーム機のことは何という？

Q02 フィギュアスケートで、演技を終えた選手が採点を待つ場所を何という？

Q03 「超ド級」という言葉の元となった、イギリス海軍のフィッシャー提督の下に建造された戦艦を何という？

Q04 方位磁石が示す北と、真北のズレの角度を何という？

Q05 1877年に火星の衛星、フォボスとダイモスを発見したアメリカの天文学者は誰？

Q06 アメリカのメジャーリーグが体制を整えた1900年以降で、その背番号42は全てのチームで永久欠番となっている、史上初の黒人メジャーリーガーは誰？

Q07 富士山本宮浅間大社の主祭神は、浅間の大神である誰？

Q08 初代日本銀行総裁は吉原重俊、では2代目は誰？

Q09 京都にある2つの離宮とは、桂離宮と何？

Q10 ビール瓶やジュース瓶の王冠のギザギザの数はいくつと定められている？

Q11 古代ギリシアの彫刻等にみられる、笑っているような表情のことを何という？

Q12 スペイン語で「赤道」という意味があり、赤道が国内を横切っていることから名付けられた南米の国はどこ？

第3セット

第3セットも同じく早押しクイズである。但し、ポイントが変わる。
1問正解2ポイント。
お手付き、誤答はマイナス2ポイント。

Q01　英語では「バルーンフラワー」と呼ばれる秋の七草のひとつで、明智光秀の紋所にも使われたものは何？

Q02　太平洋に浮かぶ島々を大きく3つの地域に分けると、ミクロネシア、ポリネシアともう1つは何？

Q03　地震が起こる前兆として現れる奇妙な虹のことを、提唱した日本人の名前を取って何という？

Q04　旧約聖書の「創世記」に登場する人物で、969歳で死んだとされることからキリスト教圏では長寿の例えにされるのは誰？

Q05 将棋で、必要な時にいつでも取れる状態にある駒のことを何という？

Q06 ラテン語で「鍵がかけられた部屋」という意味がある、ローマ教皇を選出する選挙のことを何という？

Q07 不動産広告において「徒歩1分」とは何mのこと？

Q08 一定の場所における、1日の最高気温と最低気温の差のことを何という？

Q09 サッカーチームの名前によく使われる「ＦＣ」とは、何という言葉の略？

Q10 百万分率を表す「ＰＰＭ」は、何という言葉の略？

Q11 寄席等の大演芸場で、高座の前等に置いてある、現在の出演者名が書かれた紙製の札を何という？

Q12 藤子不二雄原作の漫画に出てくるキャラクターで、ドラえもんが嫌いなものはネズミ、ではハットリくんが嫌いなものは何？

第4セットは、パラシュートクイズである。といっても実際のパラシュートを使うわけではない。

最初に全員に5ポイントを進呈、早押しクイズに正解すると自分以外の人が全員マイナス1ポイントになる。

お手付き、誤答は自分のみマイナス1ポイント。

Q01　元々はNASAがロケット打ち上げ時の宇宙飛行士の体にかかる重力を和らげる為に開発した素材をスウェーデンの会社が商品化したもので、現在では枕やクッションの素材として注目されているものは何?

Q02　従業員の職業教育を指す「OJT」とは、何という言葉の略?

Q03　斉藤由貴や南野陽子が主演した、かつての人気ドラマ「スケバン刑事」の原作者は誰?

Q04　アイドルグループ等で、特定のメンバーではなくグループ全体を応援することを、ある容器を用いて「何推し」という?

Q05 大型の鳥や海鳥等に多く見られる、翼を広げて気流等に乗り、羽ばたかずに飛ぶことを何という？

Q06 1888年に創設され、初代議長を伊藤博文が務めた、天皇の最高諮問機関を何という？

Q07 航空機等が超音速で飛行した際に起きる、衝撃波による爆発音のことを何という？

Q08 「日本の道100選」にも選ばれている、京都の若王子神社から銀閣寺までの道を何の道という？

Q09 島の名前で、壱岐があるのは長崎県、では隠岐がある都道府県はどこ？

Q10 フランスのパリにある2つの国際空港は、シャルル・ド・ゴール空港と何？

Q11 高速道路で渋滞が発生する原因といわれる、下り坂から上り坂へ差し掛かる区間を何という？

Q12 人の角質を食べる習性があることから「ドクターフィッシュ」と呼ばれる魚の名前は何？

　第5セットは、早押しボーナスクイズである。通常の早押しクイズ正解プラス1ポイント、お手付き、誤答はマイナス1ポイント。但し、獲得したポイントに応じて終了時にボーナスポイントが付く。
　プラス5ポイント以上　5ポイント追加
　プラス3〜4ポイント　3ポイント追加
　プラス1〜2ポイント　1ポイント追加
　0ポイント　ポイント追加なし
　マイナス1ポイント以下　マイナス2ポイント追加

Q01　主に長野県の諏訪湖で冬に見られる、氷の割れ目が盛り上がり、一筋の線を作る現象を何という？

Q02　ドイツの鉱物学者ゲオルク・アグリコラが著した、鉱山と冶金等に関する全12巻の書物を何という？

Q03　ハレー彗星が、太陽に最も近づく位置のことを何という？

Q04　1776年、ジョージ・ワシントンに頼まれ、最初に星条旗を作ったといわれているのは誰？

Q05 英語では「エッグプラント」と呼ばれ、その花には無駄がないともいわれる野菜は何？

Q06 入浴剤としても販売されている、温泉の不溶性成分が析出・沈殿(せきしゅつ・ちんでん)したものを何という？

Q07 女性として、世界で初めてエベレスト登頂に成功した日本人は誰？

Q08 著書「ローマ法の精神」の中で、「ローマは３度、世界征服をした」という名言を残した、ドイツの法律学者は誰？

Q09 2011年まで、国旗が緑１色だった国はどこ？

Q10 切り口が「葵の御紋(あおい・ごもん)」に似ているとして、江戸時代の武士に嫌われた野菜は何？

Q11 フランス語で「前衛部隊」という意味がある、第一次大戦前後にフランスで起こった芸術革新運動を何という？

Q12 環境問題に取り組む企業等が目標としている計画で、1994年に国連大学が提唱した、廃棄物を出さない新しい産業社会の在り方を指す言葉は何？

★第1セット★

A01　カムイシュ島

A02　メルセンヌ数

A03　アンドリュー・ジャクソン

A04　明治の森高尾国定公園

A05　ティホシ

A06　有馬頼寧

A07　バーゼル条約

A08　ソンツェン・ガンボ

A09　高瀬舟

A10　龍安寺

A11　楽譜（総譜）

A12　マツ科

★第2セット★

A01　コンシューマーゲーム

A02　キスアンドクライ

A03　ドレッドノート

A04　偏角（磁気偏角）

A05　アサフ・ホール

A06　ジャッキー・ロビンソン

A07　木花之佐久夜毘売命

A08　富田鐵之助

A09　修学院離宮

A10　21

A11　アルカイック・スマイル

A12　エクアドル

★第3セット★

A01　桔梗

A02　メラネシア

A03　椋平虹
　　　<ruby>椋<rt>むく</rt></ruby><ruby>平<rt>ひら</rt></ruby><ruby>虹<rt>にじ</rt></ruby>

A04　メトセラ（メトシェラ）

A05　質駒

A06　コンクラーベ

A07　80m

A08　日較差

A09　フットボール・クラブ

A10　パーツ・パー・ミリオン

A11　めくり

A12　カエル

★第4セット★

A01　テンピュール

A02　オン・ザ・ジョブ・トレーニング

A03　和田慎二

A04　箱推し

A05　ソアリング（滑翔、帆翔）
　　　（<ruby>滑翔<rt>かっしょう</rt></ruby>、<ruby>帆翔<rt>はんしょう</rt></ruby>）

A06　枢密院
　　　<ruby>枢密院<rt>すうみついん</rt></ruby>

A07　ソニック・ブーム

A08　哲学の道

A09　島根県

A10　オルリー空港

A11　サグ部
　　　サ<ruby>グ<rt>ぶ</rt></ruby>部

A12　ガラ・ルファ

A01　御神渡り

A02　デ・レ・メタリカ

A03　近日点

A04　ベッツィー・ロス

A05　茄子

A06　湯の花（湯の華とも表記する）

A07　田部井淳子

A08　ルドルフ・フォン・イェーリング

A09　リビア

A10　胡瓜

A11　アバンギャルド

A12　ゼロ・エミッション

第11チェックポイント

仙　台

　ここで行われるのは、日本縦断双六クイズである。

　東京ドームからスタートし、次のチェックポイント大洗にたどり着くことができれば勝ち抜けである。

　1問正解すると6面体のサイコロを振り、出た目を進むことができる。お手付き、誤答の時もサイコロを振り、出た目を戻る。但し、東京ドームと自宅にいる時は、1回休み。

　ここを勝ち抜けるのは4名。落ちるのは1名。

勝ち抜けポイント	次は楽しい 大洗
60問中42問以上正解	5名 ➡ 4名

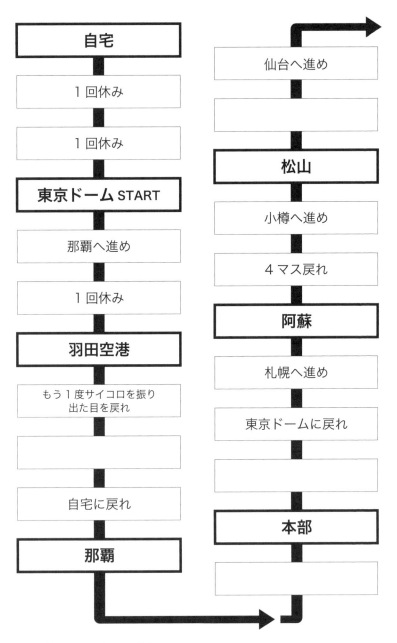

左列（上から下へ）:

| 自宅 |

1回休み

1回休み

| 東京ドーム START |

那覇へ進め

1回休み

| 羽田空港 |

もう1度サイコロを振り
出た目を戻れ

自宅に戻れ

| 那覇 |

右列（上から下へ）:

仙台へ進め

| 松山 |

小樽へ進め

4マス戻れ

| 阿蘇 |

札幌へ進め

東京ドームに戻れ

| 本部 |

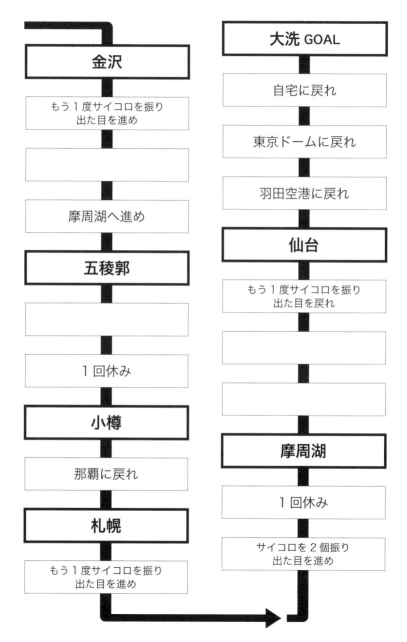

金沢
もう１度サイコロを振り 出た目を進め
摩周湖へ進め

五稜郭
１回休み

小樽
那覇に戻れ

札幌
もう１度サイコロを振り 出た目を進め

大洗 GOAL
自宅に戻れ
東京ドームに戻れ
羽田空港に戻れ

仙台
もう１度サイコロを振り 出た目を戻れ

摩周湖
１回休み
サイコロを２個振り 出た目を進め

Q01 仙台市を構成する5つの行政区は、青葉区、宮城野区、若林区、泉区ともう1つは何?

Q02 公共施設を整備する際に、民間企業の技術や資金を活用し維持管理とサービスの提供をゆだねる手法をアルファベット3文字で何という?

Q03 ジャコウネコの糞から未消化のコーヒー豆を採取して作られる、インドネシア原産のコーヒーを何という?

Q04 プランクトンが非常に少なく「世界で最も透明度が高い海域」と呼ばれる、北大西洋の北緯30度前後に広がる海域を何という?

Q05 21世紀最初の独立国である、東ティモールの首都はどこ?

Q06 選挙の立候補人数は選挙区の選出人数より1人多い状態に収束していくという法則を、提唱したフランスの政治学者の名前から何という?

Q07 江戸幕府を開いた徳川家康の父親は松平広忠、では母親は誰?

Q08 日の出、日の入り前後の、魚が釣れる確率が非常に高くなる時間帯のことを、釣り用語で何という?

Q09 ダイナマイトの原料であるニトログリセリンを発明した、イタリアの化学者は誰？

Q10 幼少期の天然痘により右目を失明した、独眼竜とも呼ばれる戦国大名は誰？

Q11 栃木県の高根沢町と芳賀町に跨って位置している、皇室で用いられる農作物を生産している牧場の名前は何？

Q12 「伊勢物語」や「大和物語」の中の題材のひとつで有名な、男女で恋仲にある幼馴染み同士のことを何という？

Q13 GHQ総司令官からマッカーサーを解任した第33代アメリカ大統領は誰？

Q14 肌の手入れのことはスキンケア、では爪の手入れのことは何という？

Q15 ラテン語で「天使のハーブ」という意味がある、お菓子の飾り付け等に用いられるフキの砂糖漬けのことを何という？

Q16 フランスの政治家で美食家でも有名な、著書「美味礼賛」で知られているのは誰？

Q17 1571年10月に起き数時間で終結した、オスマン帝国海軍と教皇・スペイン・ヴェネチアの連合海軍との海戦を何という？

Q18 アメリカ五大湖のスペリオル湖とヒューロン湖を結ぶ運河の名前は何？

Q19 1958年に固体状態の原子によるガンマ線の共鳴吸収現象を発見した、ドイツの物理学者は誰？

Q20 大坂夏の陣の際に、炎上する大坂城から千姫を助け出したといわれている武将は誰？

Q21 ホテルのフロントにあたるものを、旅館では何という？

Q22 発見者であるデンマークの植物学者エクロンが親友の名前フレーゼにちなんで名付けた花で、日本では「浅黄水仙（あさぎずいせん）」とも呼ばれるものは何？

Q23 荷電粒子が空気や水等の媒質中（ばいしつちゅう）を光より速い速度で運動する時に、青白い光が発生する現象を発見者の名前から何効果という？

Q24 1983年に日本プロ野球史上初めて全12球団から勝ち星を挙げた投手は誰？

Q25 ドイツの伝統の中にある、魔女たちが山に集まり悪魔たちと饗宴を催すと伝えられている夜のことを「何の夜」という？

Q26 「名人」という言葉の起源との説もある、織田信長に「そちはまことの名人なり」と称揚された囲碁の棋士は誰？

Q27 寒くなる10月頃まで鳴いている為、漢字で「寒い蝉」と書く蝉の種類は何？

Q28 犬のチワワの種類で、毛の長いタイプはロングコート、では毛の短いタイプは何という？

Q29 太陽系の衛星の中で最も大きいのは木星のガニメデ、では2番目に大きい土星の衛星は何？

Q30 旅客機や電車・バス等のボディ全体に描かれる広告を何という？

Q31 仏教が興隆した時代に発生した神仏習合思想のひとつで、神道の八百万の神々は、実は様々な仏が化身として日本に現れた権現であるという説を何という？

Q32 映像等で使われる「字幕スーパー」の「スーパー」とは、何という言葉の略？

Q33 にわか仕込みの勉強のことを漬物に例えていうと「一夜漬け」、では刀の刃に例えていうと何？

Q34 ヘビ等に見られる、熱を感じる器官はピット器官、では空気のにおいを感じる器官を何という？

Q35 関門トンネルが結んでいる２つの都市は、北九州市とどこ？

Q36 自らの行いで悪い事態を招くことを「身から出た何」という？

Q37 天皇の位を退いた人が、再度天皇になることを何という？

Q38 裁縫で布地に印をつけるのに用いられる、柄に歯車を付けた道具を何という？

Q39 千恵子と苗子の双子の姉妹を主人公にした、川端康成の小説の題名は何？

Q40 鍋物等によく使われる、英語で「チャイニーズ・カベッジ」という野菜は何？

Q41 1936年にフランスのオスカー・ドミンゲスが初めて用いたシュールレアリズムの技法で、日本では瀧口修造が取り組んだこととして有名な、絵柄を他の紙やガラスに転写する技法を何という？

Q42 1886年に発表された小説「未来のイヴ」で、作中に登場する人造人間に対して「アンドロイド」という呼称を初めて使ったといわれるフランスのSF小説家は誰？

Q43 マレーシアとシンガポールの間にある海峡を何という？

Q44 航空業界で、国際線を「インターナショナル・フライト」というのに対し、国内線のことは「何フライト」という？

Q45 モノクロ映画を、コンピューターを使ってカラー映画にすることを何という？

Q46 万国博覧会のことを指す「エキスポ」とは、何という言葉の略？

Q47 福島県伊達市の名産品で、渋柿を硫黄で燻蒸（くんじょう）した干し柿を何という？

Q48 「ここに地終わり海始まる」と書かれた石碑が立っている、ユーラシア大陸最西端の岬の名前は何？

Q49 外国切手に初めて登場した日本人は誰？

Q50 マルコポーロブリッジの別称がある、日中戦争勃発の地となった、北京近郊にある橋の名前は何？

Q51 イタリア語で「全部」という意味がある、オーケストラで全ての楽器が演奏される部分を何という？

Q52 小説「夜明け前」を書いた明治生まれの作家は島崎藤村、では戯曲「日の出前」を書いたドイツのノーベル賞作家は誰？

Q53 盆栽で、海岸や渓谷の断崖絶壁に生え、幹が下垂して生育を続ける樹木の姿を表現したものを何という？

Q54 和食、中華、洋食の要素が互いに交じり合っていることから、和華蘭料理とも評される長崎県の郷土料理は何？

Q55 イエス・キリストの12使徒の中で、裏切り者のユダが抜けた後に補完された人物は誰？

Q56 北米大陸最高峰、デナリがあるのはアメリカの何州？

Q57 日本最大の湖、琵琶湖から流れ出る唯一の河川の名前は何？

Q58 泡のようにすぐに消えてしまうことから、選挙で当選する可能性が極めて低い候補者を何という？

Q59 第一次大戦後、ドイツで起こった激しいインフレを収めた紙幣を何という？

Q60 かつて南米にあると信じられていた、伝説の黄金郷を何という？

おまけQUIZ Ⅳ　画像を見て答えよう（鳥編）

QUIZ① この鳥の名前は何？

QUIZ② この鳥の名前は何？

A01　太白区（たいはくく）

A02　ＰＦＩ

A03　コピ・ルアク

A04　サルガッソ海

A05　ディリ

A06　デュヴェルジェの法則

A07　於大の方（於大（おだい）の方（かた）・伝通院（でんつういん）、水野大子（みずのたいこ））

A08　まずめ

A09　アスカニオ・ソブレロ

A10　伊達政宗

A11　御料牧場（御料牧場（ごりょうぼくじょう）（宮内庁高根沢御料牧場）

A12　筒井筒（つついづつ）

A13　トルーマン

A14　ネイルケア

A15　アンゼリカ

A16　ブリア・サヴァラン

A17　レパントの海戦

A18　スーセントマリー運河

A19　ルドルフ・メスバウアー

A20　坂崎直盛（坂崎直盛（さかざきなおもり）（坂崎出羽守（さかざきでわのかみ））

A21　帳場（ちょうば）

A22　フリージア

A23　チェレンコフ効果

A24　野村収（野村収（のむらおさむ））

A25　ワルプルギスの夜（ヴァルプルギスの夜）

A26　本因坊算砂（日海）

A27　ツクツクボウシ

A28　スムースコート

A29　タイタン

A30　ラッピング広告

A31　本地垂迹説

A32　スーパーインポーズ

A33　付け焼刃

A34　ヤコブソン器官

A35　下関市

A36　さび

A37　重祚

A38　ルレット

A39　古都

A40　白菜

A41　デカルコマニー

A42　ヴィリエ・ド・リラダン

A43　ジョホール海峡

A44　ドメスティック・フライト

A45　カラライゼーション

A46　エキスポジション

A47　あんぽ柿

A48　ロカ岬

．．．

A49　雪舟

A50　盧溝橋
^{ろ こうきょう}

A51　トゥッティ

A52　ゲアハルト・ハウプトマン

A53　懸崖
^{けんがい}

A54　卓袱料理
^{しっぽくりょう り}

A55　マティア（マッテヤ）

A56　アラスカ州

A57　瀬田川

A58　泡沫候補

A59　レンテンマルク

A60　エル・ドラド

．．．

おまけQUIZ IV　解答（鳥編）

① カワセミ

② ハシビロコウ

．．．

準決勝

大 洗

　ここで行われるのは、通せんぼクイズである。

　早押しクイズで3ポイント取ると通過クイズに挑戦。ここでお手付き、誤答、もしくは他の挑戦者に正解されてしまうと、0ポイントに戻り元の席に逆戻り。通過クイズに正解すると勝ち抜け。

　お手付き、誤答はマイナス1ポイント。但し、マイナス3ポイントになると失格である。

　ここを勝ち抜けるのは2名。落ちるのも2名。

勝ち抜けポイント	次は、ついに決勝戦!
72問中50問以上正解かつ通過問題16問中10問以上正解	**東京ベイエリア** 4名 ➡ 2名

Q01　アメリカ最大の河川、ミシシッピ川の水源とされるミネソタ州北西部にある湖の名前は何？

Q02　郵便配達人として働きながら、拾った石を33年かけて積み上げ「理想宮」と呼ばれる建築物を築き、後にそれがフランスの文化財に指定されたことで知られているのは誰？

Q03　岐阜県にある、親孝行の為に水がお酒に変わったという伝説がある滝の名前は何？

Q04　大洗を舞台にしたアニメ「ガールズ＆パンツァー」で、主人公・西住みほの声優は誰？

Q05　ケチュア語で「太陽の祭り」という意味がある、インカ暦の元日を祝う為に行われた、古代インカ帝国の宗教的儀式を何という？

Q06　富士山頂の火口に沿って時計回りに歩くことを何という？

Q07　鎧の袖がわずかに触れる程度の力で、相手を簡単に打ち負かすことを指す四字熟語は何？

Q08　音楽の序奏のことを指す「イントロ」とは、何という言葉の略？

Q09 アメリカのホワイトハウスにある大統領執務室のことを、その形から別名何ルームという？

Q10 887年に起こった、宇多天皇からの勅書に藤原基経が抗議した出来事を、勅書に含まれていた文言から何という？

Q11 主にハクジラやシロイルカの頭部にある脂肪組織で、エコーロケーションの際に音波を集中する器官を何という？

Q12 丹波の大江山で、鬼の姿を真似て財物を奪った伝説上の盗賊を何という？

Q13 1467年に起きた応仁の乱で、東軍の総大将は細川勝元、では西軍の総大将は誰？

Q14 ナワトル語で「穴のある場所」という意味がある、オルメカ様式の壁画で知られるメキシコの洞窟遺跡を何という？

Q15 「オリンピック」という言葉を日本語で初めて「五輪」と訳した、当時読売新聞の記者だったのは誰？

Q16 料理の盛り付けの際に敷く、木の葉等を総称して何という？

Q17 南アフリカの行政上の首都はプレトリア、立法上の首都はケープタウン、では司法上の首都はどこ？

Q18 有機栽培によって生産された食品のことを、「有機の」という英語を使って何という？

Q19 イギリス・ロンドンにある世界最大の植物園を何という？

Q20 蒸留酒やウイスキー等の酒類を熟成させて取り出した時に、木の樽に染み込んで残ってしまった分のことを何という？

Q21 エジプトの国歌「我が祖国」は、民族運動指導者ムスタファ・カミルの演説に曲を付けたものですが、その作曲者は誰？

Q22 江戸時代、罪人を運ぶ為に使われた籠を何という？

Q23 ラテン語で「雌ヤギ」という意味がある、冬のダイヤモンドを構成する、ぎょしゃ座のα星を何という？

Q24 ボクシングの歴代世界ヘビー級王者で、通算成績49戦49勝という無敗のまま引退したのは誰？

Q25 アルファベットを6つの点の組み合わせで表現する6点式点字を考案した、フランスの全盲の教育者は誰?

Q26 北海道にある日本最大の無人島の名前は何?

Q27 アメリカ50州の中で唯一、州議会が一院制であるのはどこ?

Q28 刃物の生産が盛んで、ドイツのゾーリンゲン、イギリスのシェフィールドと並んで、刃物の3Sと呼ばれる岐阜県にある都市はどこ?

Q29 鎌倉時代に北条実時が神奈川県の称名寺_(しょうみょう じ)に設けた図書館を何という?

Q30 地震計の考案や初期微動と震源距離に関する公式で知られる日本の地震学者は誰?

Q31 社交ダンスで男性をリーダーというのに対し、女性は何という?

Q32 元々はイタリア語で「満潮」という意味がある、アドリア海で定期的に発生する異常潮位現象を何という?

Q33 明治以降の近代柔道において、女性初の初段を取得したのは誰？

Q34 雁が飛んでくる頃に葉が赤く染まるので、雁来紅（がんらいこう）とも呼ばれる植物は何？

Q35 1967年に世界で初めてヒトからヒトへの心臓移植手術を行った、南アフリカの医師は誰？

Q36 フランスのオルセー美術館は元々1900年のパリ万博に合わせて建設された鉄道駅兼ホテルですが、この建物を設計したのは誰？

Q37 英語でスワローといえばツバメのこと、ではスパローといえば何？

Q38 別名を鋼玉ともいい、赤いものはルビー、青いものはサファイアと呼ばれる、酸化アルミニウムの結晶からなる鉱物を何という？

Q39 トルコ語で「綿の宮殿」という意味がある、ヒエラポリス遺跡と共にユネスコの世界遺産にもなっている石灰棚の丘陵（きゅうりょう）地帯（ちたい）を何という？

Q40 第二次大戦後に行われた極東軍事裁判の裁判長を務めた、オーストラリアの法律家は誰？

Q41 昭和25年に設立された、現在の自衛隊の元となった組織の名前は何？

Q42 結婚式や葬儀等、二度と同じことを繰り返してほしくない時に使われる、水引の結び方を何という？

Q43 模型を製作する際、風雨にさらされたリアル感を出す為に汚れや風化の表現を施すことを何という？

Q44 無作法とされる箸使いで、箸の先から汁を滴らせることはなみだ箸、では箸先を舐めることは何という？

Q45 井ノ口と呼ばれていた場所の新名称として、岐山・岐陽・岐阜の３つのうちから選ぶとよいと織田信長に薦めたのは誰？

Q46 アンダマン海に浮かぶタイ最大の島で、国際的なリゾート地として有名なのはどこ？

Q47 1882年にロンドンに赴任中、日本で最初に「源氏物語」の英訳版を書いたのは誰？

Q48 上高地を流れる梓川に架かる、想像上の動物の名前が付けられている吊橋の名前は何？

Q49 1874年にイギリスの動物学者フィリップ・スクレーターが提唱した、インド洋に存在したといわれる伝説の大陸の名前は何？

Q50 ブロッコリーやレッドキャベツ等、植物の新芽の総称で、発芽野菜を指す言葉は何？

Q51 1773年、イギリスの植民地政策に抗議した市民が、停泊中のイギリス船舶に侵入し、積荷の茶箱を大量に海に投げ捨てた事件を何という？

Q52 医師や薬剤師の国家試験において、一定数以上選択すると、合計点数に関わらず不合格となる選択肢を何という？

Q53 インド発祥のスポーツ、カバディで攻撃側をレイダーというのに対し、守備側を何という？

Q54 1730年にイギリスの天文学者、ジョン・ハドリーが開発し測量や航海に用いられた、天体や物標の高度、水平方向の角度を測る為の道具を何という？

Q55 イスラエルの初代首相にちなんで名付けられた、世界一警備が厳しい空港ともいわれている、同国最大の国際空港は何？

Q56 イネの品種で育ちが早いものを早稲というのに対し、育ちの遅いものを何という？

Q57 境内の入り口に源氏池と平家池があることで知られる、源頼朝ゆかりの神社は何？

Q58 第1回先進国首脳会議サミットの開催を提唱した、当時のフランス大統領は誰？

Q59 物事が逆さまになっているという例え、「石が流れて何が沈む」という？

Q60 アメリカ合衆国、連邦最高裁判所の初代長官は誰？

Q61 太平洋戦争中に日本の海外遠征を正当化する為に用いられた「世界を一つの家にする」という意味の標語は何？

Q62 主にレスリングの選手等が着用する、体にぴったりとした上下一体型のユニホームを何という？

Q63 1963年に世界で初めてテレビとビデオを用いた芸術作品を発表し、「ビデオアートの父」とも呼ばれる、韓国系アメリカ人の現代美術家は誰？

Q64 フランス語で「黄金のピッケル」という意味があり、登山界のアカデミー賞の異名を持つ、優秀な登山家に贈られる国際的な賞を何という？

Q65 「ポリネシアの住人の起源は南米にある」という自らの説を証明する為にコンティキ号に乗り、南太平洋の航海に挑戦したノルウェーの人類学者は誰？

Q66 粗末なものしか食べられない貧しい時代から、長く連れ添った妻のことを故事成語で何という？

Q67 銀行等にある現金自動預払機、ＡＴＭは何という言葉の略？

Q68 馬に乗る時に足をのせる金具のことを何という？

Q69 1950年に青森市営球場で、日本プロ野球史上初の完全試合を達成した巨人軍の投手は誰？

Q70 水泳競技で、プールではなく海や川・湖といった自然の水の中で行うものを何スイミングという？

Q71 学名を「コニウム・マクラトゥム」といい、茎の赤い斑点は「ソクラテスの血」とも呼ばれているセリ科の植物は何？

Q72 選手は全裸で体に油を塗り、眼球への攻撃と噛み付き以外は全て認められたという、古代ギリシアの総合格闘技を何という？

A01　イタスカ湖

A02　フェルディナン・シュバル

A03　養老の滝

A04　渕上舞

A05　インティライミ

A06　お鉢巡り

A07　鎧袖一触

A08　イントロダクション

A09　オーバルルーム

A10　阿衡事件（阿衡の紛議）

A11　メロン（メロン体）

A12　酒呑童子

A13　山名持豊（山名宗全）

A14　オシュトティトラン

A15　川本信正

A16　掻敷（皆敷とも表記する）

A17　ブルームフォンテーン

A18　オーガニック

A19　キューガーデン

A20　悪魔の取り分（デビルズカット）

A21　サイード・ダルウィーシュ

A22　唐丸籠

A23　カペラ

A24　ロッキー・マルシアノ

通01 現地の言葉で「聖なる三兄弟の白い峰」という意味があり、現在未踏最高峰である、標高7570mの山の名前は何？

通02 元々はイタリア語で「ぶどう棚」を指した言葉で、公園や家の軒先に設ける、つる性の植物を絡ませて日陰を作った建造物を何という？

通03 1873年にアメリカから帰国した森有礼（もりありのり）が、福沢諭吉、西周（にしあまね）らと共に設立した、日本初の近代的啓蒙学術団体の名前は何？

通04 高村光雲に師事した彫刻家で、高知市桂浜にある「坂本龍馬像」を作成したのは誰？

通05 元々は、造幣局の建物として作られ、現在はチリの大統領官邸として使われている宮殿の名前は何？

通06 葛飾北斎の「富嶽三十六景」に収められている、通称「赤富士」と呼ばれる絵の正式名称は何？

通07 ジョン万次郎が著した、日本初の英会話教本の名前は何？

通08 現在の色覚異常検査表を開発した、旧日本陸軍の軍医は誰？

通09 風の強さを13階級に分けた「風力階級表」を考案した、イギリスの海軍提督は誰？

通10 失明のハンデを乗り越えて「群書類従」を編纂した、江戸時代の国学者は誰？

通11 「七夕の夜空に虹の橋を架ける」という伝説を持つ、カラス科の鳥は何？

通12 北海道名産の漬物で、スルメ・昆布・数の子の３品を漬け込んだものを何という？

通13 輸入契約を結ぶ際に、見返りとして自国製品を買うことを付帯条件とする一種の現物支払いによる貿易を何方式という？

通14 地球内部の構造で、地殻とマントルの境界面を何という？

通15 20世紀初めに考案された、恒星の特性を明快に表した図表で、ＨＲ図と略されるものは何？

通16 日本で最初の征夷大将軍となったのは大伴弟麻呂、２代目は坂上田村麻呂ですが、３代目は誰？

A01　ガンケルプンスム（ガンカープンスム）

A02　パーゴラ

A03　明六社（めいろくしゃ）

A04　本山白雲（もとやまはくうん）（本山辰吉）

A05　モネダ宮殿

A06　凱風快晴（がいふうかいせい）

A07　英米対話捷径（えいべいたいわしょうけい）

A08　石原忍（いしはらしのぶ）

A09　フランシス・ビューフォート

A10　塙保己一（はなわほきいち）

A11　カササギ

A12　松前漬

A13　カウンター・パーチェス方式

A14　モホロビチッチ不連続面

A15　ヘルツシュプルングラッセル図

A16　文室綿麻呂（ふんやのわたまろ）

東京ベイエリア

　東京上空のヘリのシーンの撮影の後、決勝戦の舞台となる船に乗り込んだ。吹奏楽団の生演奏の中、早押しテーブルの席に着く。MCから現在の心境を聞かれたが、気の利いたコメントは言えただろうか。

　決勝戦で行われるのは、早押しクイズである。

10ポイント獲得で優勝！

お手付き、誤答はマイナス1ポイント。

優勝ポイント	クイズ王になるのは キミだ！
48問中35問以上正解	2名 ➡ 優勝

Q01 アメリカ最大の都市はニューヨーク、ではニューヨーク州の州都はどこ？

Q02 古代日本で行われた占いの一種で、鹿の肩甲骨を焼き、その割れ方で吉凶を占ったものを何という？

Q03 イギリス人のウィリアム・ヘンリーの著書を、1837年から47年にかけて宇田川榕菴が訳し刊行した、全21巻からなる日本初の化学書を何という？

Q04 ゴルフで、追い風のことはフォロー、では向かい風のことは何という？

Q05 ドイツ語で「親方の歌手」という意味がある、15世紀から16世紀にかけてドイツ各地に現れた吟遊詩人たちのことを何という？

Q06 オーストリアのシェーンブルン宮殿で転んだ6歳のモーツァルトを助け起こし、その時プロポーズされたのは後の誰？

Q07 歴代アメリカ大統領の中で、唯一独身で大統領になったのは誰？

Q08 虎に乗った者が途中で降りることができないように、物事が盛んになって中止したり、後戻りができなくなることを「何の勢い」という？

Q09 ナポレオン戦争を時代背景に、ロシアの興亡や新しい時代の到来を描いたトルストイの作品は何？

Q10 日本初の女性天皇は推古天皇、では最後の女性天皇は誰？

Q11 「雪は天から送られた手紙である」という言葉を残したことで知られる、世界で初めて人工雪の製造に成功した人物は誰？

Q12 ブラジルのアマゾン奥地で、一攫千金を夢見て過酷な労働環境でダイヤモンドや金を採掘する人々をポルトガル語で何という？

Q13 現在の医学では治療できない末期症状の患者を、心身両面に亘って専門的な世話をする施設を何という？

Q14 国際ペンクラブの初代会長を務めた、イギリスのノーベル賞作家は誰？

Q15 リゲルとベテルギウスという２つの１等星がある星座は何？

Q16 ガリレオが発見した振り子の等時性の法則を応用し、振り子時計を発明したオランダの数学者は誰？

Q17 茶道の「一期一会」という言葉を、千利休の言葉として著書の中に記した千利休の弟子は誰？

Q18 本がベストセラーになることを、中国の故事から「どこの紙価を高める」という？

Q19 辰年の辰の月、辰の日、辰の刻に生まれたことから名前が付いた文学者は誰？

Q20 競技かるたで、途中まで決まり字が同じ札のことを何という？

Q21 地球内部を地質学的に垣間見ることができることから「地球の窓」とも呼ばれる、埼玉県秩父地方にある渓谷を何という？

Q22 1866年に日本で初めてパスポートを取得した、幕末から明治初期に活躍した手品師は誰？

Q23 ロシア生まれのドイツ人が1933年に来日、検挙される1941年まで日本でスパイ活動をし、入手した情報を旧ソ連に流していた事件を何という？

Q24 1298年から99年にかけて、獄中で知り合ったマルコ・ポーロの口述を元に「東方見聞録」を完成させた、イタリアの作家は誰？

Q25 1909年6月、アゾレス諸島沖で難破し、世界で初めて「SOS」信号を発信した船の名前は何？

Q26 パリを流れるセーヌ川左岸の5区と6区にまたがる区域で、多くの学生や芸術家たちが住むことで知られている地域を何という？

Q27 日本で初めて軍艦巻を提供したことで知られる、「銀座久兵衛」の創業者は誰？

Q28 茨城新聞社が発行する日刊新聞「いはらき」を1891年に刊行した、自由民権論者は誰？

Q29 東海道・山陽新幹線「のぞみ号」の名付け親である、エッセイストは誰？

Q30 日本の都市の名前で、唯一カタカナが使われているのはどこ？

Q31 イギリス・アメリカ等の大学で、文科系の学科を修めた者に与えられる学位「MA」を略さずにいうと何？

Q32 アインシュタインの相対性理論において、互いに等速運動する慣性系の間でなされる時空座標変換のことを何という？

Q33 「バブル経済」の語源となった、1720年に起こった株価の大暴落を契機とするイギリスの大恐慌のことを何事件という？

Q34 マウリッツ・エッシャーのリトグラフ「上昇と下降」にも描かれている、永遠に上がり続けても高い所に行けない不可能図形のことを「何の階段」という？

Q35 3桁の素数で一番大きい数字は何？

Q36 スキーで滑った跡はシュプール、ではスケートで滑った跡は何という？

Q37 戦艦ミズーリ号の船上で、日本の太平洋戦争降伏文書にサインをした当時の外務大臣は誰？

Q38 フランスの国歌「ラ・マルセイエーズ」を作詞・作曲したのは誰？

Q39 太平山頂とも呼ばれ、100万ドルの夜景で有名な香港の山の名前は何？

Q40 和名を「茴香芹」、英語では「チャービル」と呼ばれるハーブの一種をフランス語で何という？

Q41 ピンボールの機械にある、開始時にボールを盤面に送り出す装置のことを何という？

Q42 日本の近代昆虫学の基礎を築いたとされる人物で、日本に生息する昆虫の命名法を創案し、著書「日本千蟲図解」シリーズで知られているのは誰？

Q43 「船の全ての部品を入れ替えた時、その船は入れ替える前の船と同じといえるのか？」という問題を、何のパラドックスという？

Q44 400字詰め原稿用紙の真ん中にある、蝶ネクタイのような形をしたマークの名前は何？

Q45 「フェルマーの最終定理」を完全に証明し、1998年にフィールズ賞の特別賞を受賞したイギリスの数学者は誰？

Q46 原子番号89のアクチニウムから原子番号103のローレンシウムまでの15の放射性元素を総称して何という？

Q47 ジブリ映画「千と千尋の神隠し」に登場するキャラクター、ハクの本名は何？

Q48 フランス語で「目を騙す」という意味がある、見る者に現実と錯覚させることを意図したトリックアートの一種を何という？

A01　オールバニ

A02　太占
（ふとまに）

A03　舎密開宗
（せいみかいそう）

A04　アゲンスト

A05　マイスタージンガー

A06　マリー・アントワネット

A07　ジェームズ・ブキャナン

A08　騎虎の勢い
（きこ）

A09　戦争と平和

A10　後桜町天皇
（ごさくらまち）

A11　中谷宇吉郎
（なかやうきちろう）

A12　ガリンペイロ

A13　ホスピス

A14　ジョン・ゴールズワージー

A15　オリオン座

A16　クリスチャン・ホイヘンス

A17　山上宗二
（やまのうえそうじ）

A18　洛陽
（らくよう）

A19　芥川龍之介

A20　友札
（ともふだ）

A21　長瀞渓谷
（ながとろけいこく）

A22　隅田川浪五郎
（すみだがわなみごろう）

A23　ゾルゲ事件

A24　ルスティケロ

★★★日本縦断チャレンジクイズ　参加規定★★★

　この番組は、700問以上（未放送分も含む）という最高数のクイズに挑戦し、人間の知力・体力・時の運を試す超大型クイズ番組です。

　参加者は番組規約を厳正に遵守し、700問以上のクイズに挑戦して頂きます。クイズの敗者は無情にもその場に置き去りにされるという、ドライにしてクールなクイズ番組です。

　羽田空港から出発し、日本各地の有名都市の名所、旧跡、はたまた秘境の地でのクイズを勝ち抜きながら、日本を縦断し、東京に帰ってくる、つまり日本を１周する国内最大のクイズ番組なのです。

　チャレンジクイズ審査委員会による700問以上のクイズに挑戦して頂くわけですが、第２次予選以降、挑戦者、スタッフを合わせて30名以上の団体で行動しますので、大人としての常識的な態度で行動することが望まれます。

●参加資格
1．18歳以上の心身共に健康な男女。年齢の上限は、ありません。高校生は不可。
2．申込書に指定してある書類が全て整っている方。
3．書類が全て整っており、日本語の日常会話ができる方であれば外国籍の方でも参加できます。

●チャレンジクイズの進め方
1．申込書をもとに書類審査を行います。書式不備な方は失格になります。
2．書類審査により参加資格に合致した方は全て第１次予選への参加資格があります。但し、応募者多数の場合は予告なく早期に募集を打ち切る場合があります。
3．第１次予選は、東京ドームで行います。当日の日付、集合場所、時間等を指定した参加葉書が届いた方は書類審査を通過した方です。葉書が届かなかった方は失格された方です。

4．第1次予選の会場には、参加葉書の他に写真付き身分証明書、（外国籍の方は外国人登録証）をご持参ください、忘れた方は失格になります。

5．第1次予選を通過した方は、旅行の準備をして東京都内の指定場所に集合、バスで羽田空港へ向かい、空港付近の施設にて第2次予選が行われます。通過された方は、直ちに羽田発の飛行機に乗ります。敗退された方はそのまま帰宅して頂きます。

6．飛行機に搭乗すると、直ちにペーパークイズが開始されます。

7．機内で行われたペーパークイズの結果をもとに順位付けを行い、勝者と敗者が決定します。

8．以下同じような進め方で、いくつかのチェックポイントを勝ち抜けながら決勝戦の地へ向かいます。

9．クイズの審査には、夕陽テレビチャレンジクイズ審査委員会があたり、厳正な採点を行います。クイズ問題、形式についての異議申し立ては一切認められません。

10．途中のチェックポイントで敗退された方は、その地より<u>交通費自己負担</u>にて帰宅して頂きます。本大会では、これを罰ゲームとしています。

11．最終目的地で決勝戦が行われ、優勝者すなわちクイズ王が決定します。優勝賞品は、フロリダディズニーワールド、ニューヨークペア8日間の旅です。現代では、あまり魅力を感じない優勝賞品かもしれませんが、「ニューヨークへ行きたいか〜!!」を言いたいが為にこのような設定にしたのと、日常では味わうことができないクイズの冒険旅行こそが本当の賞品だからです。

12．参加者の自己都合による途中辞退や棄権は、健康上の理由等の審査委員会が認める場合以外は絶対に認められません。

●参加費用

1．第1次予選会場である東京ドームまでの往復交通費等の諸経費は、全て参加者の自己負担です。
2．第1次予選を通過された方の、東京の集合場所までの交通費は自己負担ですが、ここからの羽田空港までの交通費は夕陽テレビが負担いたします。
3．羽田での第2次予選で敗退された方は、交通費自己負担にて帰宅して頂きます。
4．第2次予選を通過して羽田を出発してから敗退地までの費用は、全て夕陽テレビが負担いたします。
5．敗退地から自宅までの諸経費は全て自己負担です。

●その他の注意事項

1．この旅行は国内旅行の為、医師の同行はありません。健康については各自で管理するよう心掛けてください。万一の際は、近辺の医療機関を受診して頂きます。
2．国内旅行中、出発から指定期間内の死亡・傷害保険は夕陽テレビが契約します。
3．その他詳細については、第1次予選通過者のみに行われる説明会及び、その際にお配りする「勝者のしおり」をご覧ください。

★お申し込み方法は、夕陽テレビ「ざわめくフライデー」で、5〜6月頃にお知らせいたします。

※注記

　このクイズ番組は、現時点では架空のものです。また、テレビ局、テレビ番組名も架空のもので存在しません。

あとがき

　「夢」とは、いったい何だろうか？　寝ている時に見るのも夢だと思うし、宝くじで1等を当てるのも夢かもしれない。夢の定義は人それぞれに考えがあると思うが、やはり「努力して叶えるもの」が夢ではないだろうか？

　しかし、ある日突然その夢の舞台が奪われてしまったらどうだろうか？　それは100%叶うことのない夢なのである。日本テレビ「アメリカ横断ウルトラクイズ」の突然の打ち切りほど、クイズマニアにとってショッキングなことはなかったであろう。

　ウルトラクイズの末期の頃は、出場者がクイズ研究会に入っている学生ばかりで面白くなくなるとか色々言われていたが、今ウルトラクイズが開催されたらどうだろうか？　当時の学生は今や40代〜50代である。様々な年代の方が勝ち残り、きっと面白い展開になると思っている。

　最近はQuizKnockのメンバーの活躍もあり、ちょっとしたクイズブームだといえる。しかし、謎解きやひらめき、パズル的要素が強いものが多く、以前のクイズブームとは少し違うようである。

　「はじめに」でも書いたが、海外は無理でも国内なら十分可能だと思う。今こそ、多くの人が夢見て憧れるクイズ番組を創ろうではないか！

＜参考文献＞
「アメリカ横断ウルトラクイズ①〜⑯」　日本テレビ放送網

弊社では、本シリーズのクイズ問題作成者を募集しています。
詳細はホームページをご覧ください。
ティナワールドで検索！

日本縦断チャレンジクイズ①

2024年3月15日　初版第1刷発行

編　著　　チャレンジクイズ実現させよう委員会
発行者　　萩谷貴之
発行所　　ティナワールド
　　　　　〒302-0127　茨城県守谷市松が丘6-7-6-105
　　　　　TEL 0297-38-6056

印刷所　　株式会社シナノパブリッシングプレス

2024 Printed in Japan
ISBN978-4-911238-01-1